ROLAND WEBER

Gehen oder bleiben?

Entscheidungshilfe für Paare

Klett-Cotta

Alle Bücher aus der Reihe »Leben«
finden sich unter
www.klett-cotta.de/leben

Klett-Cotta

www.klett-cotta.de

© by J. G. Cotta'sche Buchhandlung

Nachfolger GmbH, gegründet 1659, Stuttgart

Alle Rechte vorbehalten

Printed in Germany

Gesamtgestaltung: Weiß-Freiburg GmbH – Graphik & Buchgestaltung

Titelbild: © istockphoto.com

Bilder innen: © photocase.com: S. 14 Tim Toppik; S. 38 soundso; S. 122
life_is_live; S. 168 Muetzenmaedchen

Auf säure- und holzfreiem Werkdruckpapier gedruckt und gebunden von
Kösel, Krugzell

ISBN 978-3-608-86026-9

Bibliografische Information der Deutschen Nationalbibliothek

Die Deutsche Nationalbibliothek verzeichnet diese Publikation in der
Deutschen Nationalbibliografie; detaillierte bibliografische Daten sind im
Internet über http://dnb.d-nb.de abrufbar

Schnelleinstieg

Inhalt

Verzeichnis der Entscheidungshilfen

Einleitung

»Die Liebe bringt auf Ideen und
in Gefahren.«
Heinrich Mann

»Wer a sagt, der muss nicht b sagen.
Er kann auch erkennen, dass a falsch war.«
Bertolt Brecht

Dieses Buch behandelt ein Thema, mit dem ich in meiner mehr als 25-jährigen Tätigkeit als Paar- und Familientherapeut immer häufiger konfrontiert werde: dem drohenden Ende einer Partnerschaft. Auch wenn dies vor allem das einzelne Paar betrifft, so ist dieses Thema darüber hinaus von großem allgemeinen und gesellschaftspolitischen Interesse; geht es doch um nicht mehr und nicht weniger als um die Frage nach der Gültigkeit und Glaubwürdigkeit dauerhafter Liebe. Diese wird heute immer seltener gelebt. Dabei ist das wohl am besten gesicherte Faktum das, dass fest gebundene Menschen glücklicher sind als alle anderen. Beides zusammen hat mich bewogen, darüber zu schreiben.

Wenn Sie oder Ihr Partner vor der Frage stehen, ob Sie trotz Krise zusammenbleiben oder sich trennen sollen, machen Sie sich die Antwort bestimmt nicht leicht: Wenn ich gehe, wird es mir nicht leidtun? Und wenn ich bleibe? Verpasse ich dann womöglich ein besseres Leben? Und über allem schwebt wie ein Damoklesschwert die Frage: Welche Entscheidung ist die richtige? Dieser Anspruch macht es auch nicht gerade leichter, eine Entscheidung zu treffen. Doch es ist notwendig, irgendwann eine Entscheidung zu treffen, damit Ihr Leben – mit Ihrem jetzigen Partner, allein oder mit einem neuen Partner – weitergehen kann.

Diese Entscheidung ist mehr als eine Entscheidung zwischen Gehen oder Bleiben. In Wirklichkeit geht es um die Eröffnung eines neuen Lebensabschnitts. Unabhängig davon, wie die Entscheidung ausfällt – es gibt kein Zurück mehr: weder zum alten Leben noch zur alten Beziehung. Einfach weitermachen wie bisher hieße nichts anderes, als die Krise und ihre Ursachen zu verleugnen oder als Bagatelle abzutun.

Dieses Buch will unentschlossene Paare darin unterstützen, die für sie richtige Lösung zu finden – durch grundsätzliche Überlegungen zur heutigen Situation von Paaren, durch wissenschaftliche Fakten und Hintergrundwissen, durch konkrete und erprobte Entscheidungshilfen und durch eine Zusammenstellung der wichtigsten Bausteine einer innigen Partnerschaft.

Im ersten Teil gehe ich auf die gesellschaftliche Situation heutiger Ehen und Partnerschaften ein. Diese befinden sich in einem weit reichenden sozialen Wandel, der alte Orientierungsmuster ablöst und neue in den Vordergrund stellt. Die Auswirkungen auf Paare sind vielfältig und reichen von mehr Wahlmöglichkeiten für die Entwicklung eines eigenen Partnerschaftsmodells bis zur zeitweisen oder grundsätzlichen Überforderung. Ich hoffe, dass Sie nach der Lektüre dieses Teils besser verstehen, warum Partnerschaften heute brüchiger sind als früher und was dies für Ihre persönliche Paarsituation bedeutet.

Der zweite Teil beinhaltet eine Reihe konkreter und aus der Praxis stammender individueller Entscheidungshilfen wie Tests, Partner-Checks, Fantasiereisen, Für-und-Wider-Listen und Mindmaps. Diese helfen dabei, widersprüchliche Gefühle gegeneinander abzuwägen und vorausschauend eine kluge Entscheidung zu treffen. Hierfür stütze ich mich auf neue Erkenntnisse der Entscheidungsforschung. Demnach gelten das Formulieren einer Frage, das Sammeln von Fakten, die Klärung der kurz-, mittel- und langfristigen Konsequenzen der Entscheidung sowie die Analyse und Bewertung der Fakten im Einklang mit unseren tiefsten Überzeugungen als wichtige Schritte zu einer guten Entscheidung. Wenn Sie sich stattdessen für das entscheiden, was die meisten Paare in dieser Situation tun, was im Moment am einfachsten klingt oder was Ihnen Freunde raten, entscheiden Sie sich möglicherweise gegen Ihre eigenen wahren Interessen. Es geht nicht darum, überhaupt eine Entscheidung zu treffen, sondern eine Entscheidung, mit deren Folgen man leben kann, weil sie gut genug ist.

Der dritte Teil beinhaltet die wichtigsten Bausteine einer innigen Partnerschaft. Damit will ich deutlich machen, wie romantische Liebe auch heute noch gelingen kann und gelingt. Diese Bausteine bilden einen guten Rahmen für die Liebe, auch wenn diese sicher mehr umfasst. Zu wissen, was die Liebe auf Dauer am Leben hält, erleichtert den Neustart – gleich, ob mit dem alten oder einem neuen Partner.

Unentschlossene Paare stellen nach der Lektüre dieses Teils womöglich fest, dass eine gute Partnerschaft kein »Hexenwerk« ist, jedoch Wollen und Einsatz verlangt. Ihre Eckpfeiler sind Pragmatismus und Romantik.

Im vierten und letzten Teil erhalten Sie Hinweise dazu, wie Vergeben und Versöhnen möglich sind. Ich habe dieses Thema bewusst an den Schluss gesetzt, weil es sowohl für das Beenden einer Partnerschaft wichtig ist als auch für deren Fortsetzung. Die Kunst, einen guten Schlussstrich zu ziehen, macht Menschen wieder frei füreinander.

Wenn Sie und Ihr Partner optimal von diesem Buch profitieren wollen, sollten Sie die Tests und Übungen machen – entweder zusammen oder allein. Außerdem finden Sie im Anschluss an viele Übungen eine feste Rubrik für Ihre persönlichen Notizen.

Grundlage meiner Ausführungen sind zum einen meine einschlägigen Erfahrungen als Ehemann. Meine Frau und ich feiern dieses Jahr unsere Silberhochzeit. Unsere Ehe würde ich als eine ausgewogene Mischung aus Pragmatik und Romantik bezeichnen. Dazu kommen die vielen beruflichen Erfahrungen als Paar- und Familientherapeut. Seit 1982 begleite ich Paare und Familien bei ihrer Suche nach Lösungen für ihre Probleme. Last but not least bin ich ein wissenschaftlich interessierter

Praktiker, der sich immer schon für die Frage interessierte, was wir dafür tun können und was wir sollten, damit die Liebe auf Dauer gelingt. In den letzten 15 Jahren konnten Wissenschaftler einige wichtige Erkenntnisse dazu beitragen. Sie haben im Kern eines gemeinsam: Sie belegen, dass es gelebte Liebe nicht umsonst gibt. Dafür kann man sich entscheiden.

Gute Entscheidungen sind eine Kombination aus Intuition und Verstand. Wenn dieses Buch Ihnen den Zugang dazu öffnet und Sie darüber hinaus neue Einstellungen und Haltungen für Ihre jetzige oder zukünftige Partnerschaft gewinnen, sind meine beiden größten Anliegen in Erfüllung gegangen.

Bedanken möchte ich mich bei Christine Treml, meiner Lektorin bei Klett-Cotta. Unsere Zusammenarbeit war in jeder Phase der Erstellung des Manuskripts unkompliziert und anregend. Gerne möchte ich meiner Familie danken, die in liebevoller Weise nicht allzu viel Aufhebens um mein Schreiben gemacht hat.

Ascona, März 2010

TEIL I
Warum ist es heute schwerer, als Paar zusammenzubleiben?

»Die Liebe, welch lieblicher Dunst;
doch in der Ehe, da steckt Kunst«
Theodor Storm

Heute ist eine Ehe schon glücklich, wenn man dreimal
die Scheidung verschiebt«
Danny Kage

1.Kapitel
Julia und Andreas – ein Normalpaar

In meiner Praxis sitzt mir ein Paar gegenüber, gespannt, was nun kommt. Es ist ein herbstlicher Nachmittag, die letzten Sonnenstrahlen werfen ein Muster auf den Boden. Die beiden sind Mitte vierzig, nennen wir sie Julia und Andreas. Sie haben zwei Kinder. Das ältere von den beiden kommt gerade in die Pubertät. Julia und Andreas sind schon lange zusammen. Sie haben sich im Studium kennengelernt und sind inzwischen seit 17 Jahren verheiratet. Andreas ist schlank und groß. Er wirkt angespannt und müde. Julia ist einen Kopf kleiner. Auch sie ist angespannt. Ihre Augen haben etwas Trauriges. In der ersten halben Stunde unseres Gesprächs wird deutlich, dass beide mit ihrer Situation unzufrieden sind, ohne genau sagen zu können warum. Alles in allem läuft es recht gut, nichts Dramatisches: keine allzu großen Verletzungen, kein Dauerstreit, kein Alkohol, keine Affären. Die Kinder waren gewollt, und am Wochenende unternehmen alle etwas zusammen. Andreas geht einmal die Woche ins Joga, Julia einmal die Woche zum Sport. Ein normales Paar mit einem gut funktionierenden Alltag. Von außen gesehen eine gute Beziehung. Was also ist das Problem der beiden? Julia und Andreas haben einfach etwas anderes erwartet. Und das ist so nicht eingetroffen. Und daher fehlt ihnen etwas, und dies macht sie unzufrieden. Ist »gut« nicht mehr »gut genug«? Wollen beide mehr, und wenn ja, »mehr« von was?

2. Kapitel
Beziehungsbiografien im sozialen Wandel

Partnerschaften im Umbruch

Julia und Andreas sind kein Einzelfall. In Beratungsstellen und Praxen häufen sich solche Paare. Sie sind zwischen 45 und 60 Jahre alt, leben in einer festen Beziehung oder sind verheiratet.

Ihre Beziehung begann im Alter von 30 Jahren oder früher. Fast alle haben Kinder. Die Wahrscheinlichkeit, dass sie sich in den mittleren Lebensjahren trennen, ist relativ hoch. »Umbruchsbiografie« nennen Soziologen diesen Typ von Beziehungsbiografie.

Frauen und Männer heiraten heute seltener und später. In Deutschland schlossen im Jahr 2006 insgesamt 374 000 Paare eine Ehe. Damit ging die Zahl der Eheschließungen weiter zurück: Die Heiratsneigung hat im Westen langsam, im Osten rapide abgenommen. Insbesondere junge Menschen warten mit der Eheschließung immer länger. Statistiker des Bundesinstituts für Bevölkerungsforschung haben zudem berechnet, dass unter den Jüngeren jede dritte Frau und sogar knapp 40 Prozent der Männer niemals heiraten werden. Dabei sind Ehen von allen Partnerschaften die stabilsten.

Während die traditionelle Ehe auf dem Rückzug ist, sind neue Lebensformen auf dem Vormarsch: nicht eheliche Lebensgemeinschaften und lockere Beziehungen ohne gemeinsame Wohnung, Ein-Eltern-Familien, Singles. Trennungen von Familien führen dazu, dass immer mehr Kinder nicht mehr bei ihren leiblichen Eltern aufwachsen. Die Ehe hat ihre Monopolstellung, sowohl was die Partnerschaft als auch die Familie anbelangt, verloren. Heute ist ein Paar dann ein Paar, wenn zwei Menschen sagen, dass sie eines sind, unabhängig vom Familienstand und unabhängig vom Geschlecht des Partners. Und dasselbe gilt auch für die Familie. Sie ist dort, wo Kinder sind, unabhängig davon, ob die Eltern verheiratet sind, die Kinder in einem oder beiden Haushalten aufwachsen oder bei einem Elternteil wohnen – oder zusammen mit anderen Partnern der Eltern.

Beziehungsbiografien von Frauen, Männern und Kindern befinden sich in einem weit reichenden sozialen Wandel, den Forscher als einschneidender ansehen als beispielsweise die »sexuelle Revolution« der späten 1960er- und 1970er-Jahre. Ging es bei der »sexuellen Revolution« um eine freiere Sexualmoral und liberalere sexuelle Verhaltensweisen, geht es jetzt darum, nicht mehr um jeden Preis zusammenzubleiben. Damit steht auch die

Glaubwürdigkeit dauerhafter Beziehungen zur Disposition. Andererseits: Wenn Paarbeziehungen generell nicht mehr so stark wie bisher an Kindern anknüpft, könnte dies auch eine Chance für eine neue Sinngebung sein.

Beziehungen sind endlich

Ein markantes Kennzeichen des sozialen Wandels sind die häufiger werdenden Trennungen und Scheidungen. Trennungen haben mittlerweile Normalstatus, und damit steigt der Beziehungsumsatz pro Leben. Interessant dabei ist, dass diese Entwicklung auch für frühere Phasen der Partnerschaft gilt. Die Abfolge vom »getrennten Zusammensein« über das »unverheiratete Zusammenwohnen« hin zur Ehe wird immer seltener und ist im jungen Erwachsenenalter untypisch geworden. Die Folge ist, dass schon im Stadium des »getrennten Zusammenseins« heute mehr Beziehungen auseinandergehen. Die eine große Liebe gibt es immer seltener. Liebe wird zu »Lieben in Folge«. Im Jahr 2008 ist die Zahl der Ehescheidungen um 3% gegenüber dem Vorjahr angestiegen. Die Zahl der amtlichen Trennungen ist damit seit dem Rekordstand von 2004 wieder angestiegen. Wie das Statistische Bundesamt mitteilt, wurden 2008 in Deutschland etwa 191 900 Ehen geschieden. Von den im Jahre 2008 geschiedenen Ehepaaren hatten knapp die Hälfte Kinder unter 18 Jahren. Bundesweit lässt sich ein Drittel aller Paare scheiden. Hinzu kommen die ungezählten Trennungen unverheirateter Paare, die in der Statistik naturgemäß nicht enthalten sind.

Die Bereitschaft, sich vom Partner zu trennen, hat in der Vergangenheit stetig zugenommen. 1960 betrug die Scheidungshäufigkeit in einem Heiratsjahrgang noch 15%, 1970 waren es bereits 25%, 1980 dann 33%. 1995 lag diese statistische Häufigkeit dann bei 40%.

Trennungserfahrungen sind längst kein Merkmal jüngerer Paare, wie Leipziger und Hamburger Sexualforscher in einem Ost-West-Projekt herausfanden, in dem 776 Frauen und Männer aus Leipzig und Hamburg über ihre Beziehungen und

Singlephasen interviewt wurden, und zwar drei Generationen: 30-Jährige, 45- und 60-Jährige. Wie groß die Veränderungen sind, zeigt sich deutlich bei den 30-Jährigen. 92 Prozent von ihnen haben sich schon mindestens einmal getrennt. Viele von ihnen haben bereits mehr Beziehungen hinter sich, als die 60-Jährigen in ihrem ganzen Leben hatten. Partner- und Beziehungswechsel bewerten sie positiv als »Phase des Suchens und Ausprobierens«. Auch rund 88 Prozent der befragten 45-Jährigen haben sich schon einmal getrennt. Sie kennen ebenfalls wechselnde Partnerschaften und bewerten dies positiv, doch wünschen sie sich eine dauerhafte Beziehung. Auch das Beziehungsverhalten der älteren Generation verändert sich. Die große Mehrheit der 60-Jährigen ist noch unter vorliberalen Verhältnissen aufgewachsen und oft ganz traditionell in das Beziehungsleben gestartet. Doch etwa 50 Prozent sind schon einmal geschieden worden.

D.h., auch ältere Paare trennen sich mittlerweile immer öfter. Laut statistischem Bundesamt entscheidet sich jedes zehnte Ehepaar auch noch 26 oder mehr Jahre nach der Hochzeit für die Scheidung – Tendenz steigend. Eine langjährige Ehe oder Partnerschaft ist heute keine Garantie mehr für eine stabile Beziehung im Alter. Andererseits: Die Mehrzahl der Paare – rund zwei Drittel – bleibt auch heute noch bis zum Tod eines Partners zusammen, und von diesen wiederum leben 60% schon seit 45 Jahren zusammen. Diverse Untersuchungen zeigen, dass ein Großteil von ihnen mit ihrer Partnerschaft zufrieden oder sogar sehr zufrieden ist. Zufriedenheit mit der Beziehung ist ein entscheidender Faktor für ihre Dauer. Von einer »sehr hohen« Beziehungszufriedenheit kann man dann sprechen, wenn drei Bedingungen erfüllt sind:

➜ Die Partner fühlen sich sehr wohl miteinander
➜ Die Partner sind in der Beziehung heute ebenso zufrieden oder zufriedener als am Anfang der Partnerschaft und
➜ Sie würden sich heute noch einmal für ihren Partner entscheiden.

Bewährungsphasen einer Beziehung

Eines der auffälligsten Merkmale des weitreichenden sozialen Wandels in Partnerschaften ist, dass Ehen und Partnerschaften immer früher auseinandergehen. Die meisten Ehen gingen im Jahr 2007 bereits sechs Jahre nach der Heirat zu Bruch, der Anteil macht fast 30% aller geschiedenen Ehen aus. Wird dabei berücksichtigt, dass die meisten Scheidungen nach der Trennung vollzogen werden, erfolgt der tatsächliche Bruch in den meisten Fällen sogar schon deutlich früher. Der kritische Punkt: wenn die Verliebtheit vom Alltagsmanagement abgelöst wird. Und manche Paare stellen dann auch fest, dass sie keine gemeinsamen Kinder haben wollen; mehr als die Hälfte der geschiedenen Ehen ist kinderlos.

Im Laufe jeder Partnerschaft gibt es bestimmte Problemphasen und Übergänge, die die Partner besonders herausfordern. So tragen zwar Kinder zur Stabilität einer Partnerschaft bei, andererseits belasten sie sie auch. Kinder haben also einen paradoxen Effekt auf ein Paar. Sie verlängern die Dauer einer Partnerschaft, und sie verschlechtern deren Qualität: Paare mit Kindern streiten öfter und heftiger, tauschen seltener Zärtlichkeiten miteinander aus und haben weniger Sex – zumindest vorübergehend. Der Hauptgrund: Sie haben weniger Zeit füreinander. Dabei spielt heute das Gefühl der verstärkten Abhängigkeit voneinander eine große Rolle. Wer den Eindruck hat, vom anderen abhängig zu sein, bei dem schwinden heutzutage die positiven Gefühle rascher. Daher sind die ersten sieben Jahre eine Zeit hoher Anpassungsforderungen. Die jungen Eltern sind plötzlich eine »Arbeitsgemeinschaft«. Das aber gilt vonseiten der Paarforschung als Risikofaktor. Ähnliches gilt nun auch für die Zeit, in der die Kinder nach und nach in die Pubertät kommen und dann das Elternhaus verlassen. Der soziale Druck lässt nach, zusammenzubleiben. Geht die turbulente Familienphase zu Ende, stellen manche Partner fest, dass sie sich nichts mehr zu sagen haben. Sind die Kinder aus dem Haus, treten die lange ignorierten Kommunikationsprobleme zutage. Das sogenannte »Leeres-

Nest-Syndrom« ist oft der Beginn der Krise. Auch die in älteren Generationen klassisch nach Geschlecht geregelte Rollenverteilung sorgt mit fortschreitendem Alter für Beziehungsprobleme. Während der Mann in seinem Beruf aufgeht, ist die Frau oftmals zu Hause, kümmert sich um das Familienleben und pflegt soziale Netzwerke. So entstehen zwei völlig voneinander getrennte Lebenswelten. Was während der aktiven Jahre gut funktioniert, führt spätestens mit dem Renteneintritt zu Konflikten. Die Männer sind dann häufig verwundert über das eigenständige Leben, das sich ihre Frauen aufgebaut haben. Plötzlich stellen sie fest, dass ihre Partnerin ihr Leben aktiv gestaltet und keine Zeit für sie hat. Die Partner müssen sich in der Beziehung neu positionieren und so etwas wie eine nachelterliche Gefährtenschaft entwickeln, und das klappt manchmal und manchmal klappt es nicht. Wer heute 60 ist, wird mit großer Wahrscheinlichkeit noch 20 Jahre leben. Sagten früher viele, »die paar Jahre halte ich noch aus«, heißt es heute: »Das tue ich mir nicht weiter an.« Männer sind oft eher bereit, sich mit einer unerfüllten Ehe zu arrangieren, wenn sie darin ein zweites Leben führen können, mit Hobbys, Freunden, Affären. Frauen wollen klare Verhältnisse. Männer fallen deshalb aus allen Wolken, wenn ihre Partnerin nach so vielen Jahren die Scheidung einreicht. Während früher Eltern nur selten so alt wurden, dass sie noch den Auszug des jüngsten Kindes erlebten, folgt heute eine ganze weitere Lebensphase, die länger dauern kann als die Familienphase. Frühe Trennungen enden meist mit einem riesigen Knall und in großem Streit. Späte Trennungen sind leiser und resignierter, dafür oft komplizierter.

Die häufigsten Trennungsgründe
2008 veröffentlichte eine bekannte Onlinepartneragentur eine Rangliste der zehn häufigsten Trennungsgründe. Hier waren rund 4000 Personen nach den Ursachen für das Scheitern ihrer Beziehungen befragt worden.

Top-10-Trennungsgründe:

→ Wir haben uns auseinandergelebt. (37%)
→ Wir waren zu unterschiedlich. (30%)
→ Das Geben und Nehmen war nicht ausgeglichen. (26%)
→ Wir hatten unterschiedliche Bedürfnisse nach Nähe und Freiraum. (26%)
→ Wir konnten nicht miteinander reden. (23%)
→ Einer von uns ist fremdgegangen. (21%)
→ Unsere Sexualität ist eingeschlafen. (19%)
→ Wir hatten keine gemeinsamen Ziele. (17%)
→ Es fehlte die gegenseitige Unterstützung. (16%)
→ Einer von uns hat sich in jemand andern verliebt. (15%)

Quelle: ElitePartner.de

Der häufigste von Männern und Frauen genannte Grund ist, dass sie sich »auseinandergelebt haben«. Vor allem vonseiten der Männer wird dieser Grund besonders oft genannt. Jeder Zweite gibt dies als Trennungsgrund an, bei den Frauen nur knapp jede Dritte. Für frühere Generationen wäre das niemals ein Grund gewesen, sich zu trennen. Das Nebeneinanderherleben war früher selbstverständlicher Teil des Ehelebens. Was daran nicht gut war, wurde ertragen. Wenn Paare sich bereits nach wenigen Jahren mit dieser Begründung trennen, steht eigentlich dahinter, dass sie als Partner erst gar nicht »zusammengefunden« haben. Liebe braucht nämlich Zeit. Am zweithäufigsten wurde die Unterschiedlichkeit der Partner genannt. Bei Promi-Paaren ist diese Begründung besonders beliebt. Sie ist so vielsagend wie nichtssagend, und so kann sich jeder seinen Teil dazu denken. Eigentlich ein spannendes Thema! Ziehen sich Gegensätze nicht an? Können dadurch nicht neue Sichtweisen und ergänzende Eigenschaften kennen- und lieben gelernt werden? Der Umgang mit Unterschieden zwischen den Partnern kann sehr unterschiedlich ausfallen: Man kann sie »groß-« oder »kleinreden«. Man kann sie akzeptieren oder bekämpfen. Man kann sie als Bereicherung und Anziehungsfaktor ansehen oder als Gefahr und Bedrohung für die erhoffte Zweisamkeit. Wenn Paare sich aus diesem Grund trennen, steckt oft eine Einstellung zur Partnerschaft dahinter, die diese eher als Schicksal ansieht nach dem Motto: Entweder es passt, oder es passt nicht. Solange die Partner zueinanderpassen, ist alles gut, passen sie nicht oder nicht mehr zusammen, trennt man sich.

Ein weiterer Trennungsgrund ist, dass das Geben und Nehmen nicht ausgeglichen war. D.h., meist einer der Partner hatte das Gefühl, dass er mehr gibt, als er oder sie zurückbekommt. Jede dritte Frau hat das Gefühl, dass das Maß an Geben und Nehmen in der Beziehung nicht ausgeglichen war – diese Meinung teilt nur jeder fünfte Mann. Verhaltensforscher betrachten eine Liebesbeziehung als eine Art soziales Tauschgeschäft, das dann für beide belohnend bleibt, wenn der eine so viel gibt, dass der andere ihn attraktiv findet und seinerseits viel zurückgibt. Wenn jedoch ständig aufgerechnet wird, wer wie viel einzahlt, ruiniert dies eine Partnerschaft genauso, wie wenn nur einer von beiden in die Beziehung investiert. Interessanterweise muten glückliche Paare einander diese herbe Prüfung nicht zu, weil sie wissen, dass beide dabei nur verlieren können.

Unterschiedliche Bedürfnisse nach Nähe und Freiraum werden am vierthäufigsten für die Trennung verantwortlich gemacht. Die Balance von Nähe und Distanz zählt tatsächlich zu den schwierigen Bereichen einer Partnerschaft und ist oftmals Anlass von Konflikten und Enttäuschungen: Sei es, weil sich die Partner in dieser Frage polarisiert haben – sei es, weil beide zu viel desselben wollen: entweder größtmögliche Nähe oder größtmöglichen Freiraum. In beiden Bereichen sind die Ansprüche an den Partner und die Qualität der Beziehung gewachsen.

Weitere Trennungsgründe sind Kommunikationsprobleme, Untreue, eingeschlafene Sexualität, fehlende gemeinsame Ziele, fehlende gegenseitige Unterstützung und sich in jemand anderen verlieben. An mangelndem Vertrauen oder aus Karrieregründen scheitert das Liebesglück dagegen selten.

So verschieden die Antworten zunächst wirken, sie haben etwas Wesentliches gemeinsam: die Ernüchterung und Enttäuschung darüber, dass die hohen Erwartungen an die emotionale Qualität und Intensität der Beziehung nicht aufgehen.

Moderne Beziehungen sind heute durch und durch psychologisiert und basieren vor allem auf Gefühlen und Affekten. Der Wunsch nach Nähe und Geborgenheit, Aufregung und Abwechslung und – nachrangig – nach Sexualität ist für moderne Partnerschaften zentral. Ein guter Ehemann war früher einer, der nicht trinkt und Geld nach Hause bringt; eine gute Ehefrau war früher eine, die nicht fremdgeht und sich um die Kinder kümmert. Im Laufe der Zeit lernten sich die Partner kennen und manchmal auch lieben. Der Partner muss heute mehr sein. Heute soll er oder sie alles auf einmal bieten: Empathie und Interesse, leidenschaftlichen Sex, Akzeptanz und Wertschätzung, Unterstützung des Partners in Krisen, im Alltag Spaß bringen, in die Lebensplanung passen, vorzeigbar sein, Entwicklungsmöglichkeiten bieten, treu sein, Freiräume lassen und Sicherheit und Halt geben.

Trotz Partnerwechsel und seriellen Beziehungen – für die Mehrzahl aller Generationen ist die dauerhafte Beziehung weiterhin das Ideal. Und die meisten von ihnen wissen, dass Gefühle wie Liebe und Vertrauen durch eine neue Beziehung weniger schnell ersetzt werden als Verliebtheit, Leidenschaft und Intensität. Verliebte Liebe geht schnell, gelebte Liebe braucht Zeit.

Noch nie waren die Bedingungen hierfür so günstig wie gegenwärtig. Warum ist es heute trotzdem so schwierig für Paare, auf Dauer zusammenzubleiben und eine glückliche Beziehung zu führen? Meine praktischen Erfahrungen sowie neuere Umfragen machen deutlich, dass Paare nicht deshalb scheitern, weil sie so wenig von langfristigen Beziehungen halten, sondern weil ihnen so viel daran liegt, und weil sie alles unter einen Hut bringen wollen: Geborgenheit, Liebe, Partnerschaft, Aufregung und eigene Sinnfindung.

Wer in einer Partnerschaft lebt und über die tief greifenden Veränderungen in Partnerschaften nicht ausreichend informiert ist und die wichtigsten Ursachen nicht kennt, zieht schnell die falschen Schlüsse und landet ungewollt im Lager der trennungsgefährdeten Paare.

3. Kapitel
Die wichtigsten Ursachen und Erklärungsversuche

Wandel der Werte

Seit den mittleren 60er-Jahren hat im gesamtgesellschaftlichen Werte- und Normgefüge ein nachhaltiger Wertewandel stattgefunden. Der bekannte Werteforscher Helmut Klages hat die Veränderungen der Präferenzen als eine Verschiebung von Pflicht- und Akzeptanzwerten hin zu Freiheits- und Selbstentfaltungswerten beschrieben. Freiheits- und Selbstentfaltungswerte umfassen Werte wie Freiheit und freier Wille, Selbstbestimmung, Autonomie des Individuums und Emanzipation von Autoritäten sowie hedonistische Werte wie Genuss, Erfüllung, Ungebundenheit und Abwechslung. Demgegenüber verloren Pflicht- und Akzeptanzwerte an Wertschätzung und gesamtgesellschaftlicher Verbindlichkeit: Disziplin und Leistung, Ordnung und Pflichterfüllung, Verzicht und Treue, Anpassung und Gehorsam, Bindung und Verpflichtung. Diese Werteveränderung in der Gesamtgesellschaft von Pflicht- zu Freiheitswerten hat auch die Grundfesten verändert, die Paare als gültig für ihr Zusammenleben ansahen. Beriefen sich Mitte der 60er-Jahre Paare noch mehrheitlich auf Werte wie Pflichtgefühl, Toleranz und Nachsicht, haben diese zunehmend an Gültigkeit verloren. Auch Werte wie »Familienorientierung«, »Rückhalt finden« und »füreinander da zu sein« haben an Bedeutung verloren. Eine nur noch sehr geringe Bedeutung haben »externe Anker«, die früher eine große Rolle für den Zusammenhalt spielten, wie gemeinsamer religiöser Glaube, gemeinsame Arbeit, eine gemeinschaftliche, wirtschaftliche Basis – dies gilt insbesondere für die städtischen Ballungszentren. Auch der Faktor Gewohnheit spielt nur bei wenigen Paaren noch eine Rolle für den Zusammenhalt ihrer Beziehung. Traditionelle partnerschaftliche Werte haben erheblich an Wert verloren. Etwa 30% aller Paare identifizieren sich noch damit. Sie wurden Mitte der 70er-Jahre durch postmaterielle Werte wie Selbstverwirklichung, Individualismus, Ungebundenheit, Emanzipation und Abwechslung abgelöst. In den Partnerschaften stand jetzt das »Ich«, die Selbstverwirklichung im Vordergrund. Damit wurde in erster Linie die Individualität innerhalb von Beziehungen betont, das steigende Verlangen nach Selbstverwirklichung wurde damit zum Knackpunkt vieler Beziehungen. Gleichzeitig wurde der Anspruch erhoben, dass der Partner keine Ansprüche mehr an einen stellen darf nach dem Motto: »Du hast mir gar nichts zu sagen!« Die eigene Person soll so vor jeder Vereinnahmung und Manipulation durch den Partner geschützt werden. Unterstützt wurde dieser Wertewandel von prominenten Vertretern der humanistischen Psychologie. Für sie zählten die Selbstverwirklichung zu den höchsten und reichsten Bedürfnissen des Menschen. Der Schlüssel für eine gute Beziehung wurde darin gesehen, zu wissen, was man will, zu sagen, was man will, und zu bekommen, was man will. Diese Werte haben zwar zu mehr Gesprächskultur, Bewusstheit und Klärung der Geschlechterfragen beigetragen, aber nicht unbedingt die Beziehungen verbessert, wie die hohe Scheidungsrate deutlich macht. Zu hohe individuelle Ich-Ambitionen machen Beziehungen nicht nur problematisch, sondern auch schneller kündbar. Der endgültige Aufstieg der Gefühle begann Ende der 1980er-, Anfang der 1990er-Jahre. Der damit verknüpfte Wertewandel lässt sich als Wandel von der »Ich-AG zur Wir-AG« beschreiben. Seine Merkmale sind eine Aufwertung von Gemeinschafts- und Intimitätswerten: Familie, Rückzug ins Private, emotionale Intensität und Nähe, Liebe und Intimität sowie ein lebendiges Miteinander. Und in diesem Rahmen wird Partnerschaft neu entdeckt und gelebt: als Möglichkeit, sich noch als Ganzes zu erfahren, als persönliche Sinnstiftung auf dem Hintergrund einer romantischen Vorstellung von Liebe und Glück. Man will wieder Teil eines größeren sinnvollen Ganzen, aber auch ein eigenständiges Individuum sein. Das sind die Spielregeln, nach denen viele Paare heute ihr Glück versuchen. Das Gute daran: Die Partner stehen einander wieder näher. Das Problem dabei: Viele Paare befinden sich heute mit ihrer Partnerschaft in einer Situation, in der alte Werte wie Toleranz und Nachsicht neu entdeckt und mit modernen Werten wie Autonomie und Intimität in ein neues Gleichgewicht gebracht werden müssen.

In der Praxis zeigt sich meist, dass die Lösung irgendwo zwischen Altbewährtem und neu Gefundenem, zwischen traditionellen und modernen Werten liegt.

Alte Erwartungen und neue Rollen

Die Rollenvorgaben im Zusammenleben von Mann und Frau sind heute nicht mehr fest gefügt und selbstverständlich, sondern müssen von Paar zu Paar erst herausgefunden und dann umgesetzt werden. Dies kann Partner und Paare partiell oder auch auf Dauer überfordern. Dies liegt unter anderem daran, dass Männer wie Frauen, wenn sie eine feste Beziehung eingehen, immer noch traditionelle Vorstellungen im Kopf haben, zugleich aber auch hoffen, neue Rollen innerhalb ihrer festen Beziehung leben zu können. Oberflächlich gesehen mögen sich die Rollen von Mann und Frau, Mutter und Vater angeglichen haben, doch unterschwellig wirken die alten Rollenmuster meist weiter und sorgen für Irritation – auch weil die gesellschaftlichen Rahmenbedingungen das Ihre dazutun.

Sobald ein Paar eine feste Beziehung eingeht, zusammenlebt und Kinder bekommt, läuft es Gefahr, in traditionelle Rollenmuster zurückzufallen. Kinder und Karriere sind hierzulande schwer zu vereinbaren – zumindest für Frauen. Und das beeinflusst auch das Verhältnis der Geschlechter und die Liebe. Da ist zum einen der Trend zur späten Geburt. Zum anderen das Ungleichgewicht zwischen den Partnern. Mit Kindern verändern sich für beide die Dinge, für Frauen jedoch mehr. So werden aus ehemals »Gleichen« rasch »Ungleiche«: Männer haben in Sachen Kind und Karriere bessere Karten. Die gleichberechtigte Partnerschaft rudert zurück zur traditionellen Rollenverteilung – zumindest auf Zeit. Wer dennoch das Abenteuer Doppelverdiener und Kinder wagt, hat auch mit schlechten Rahmenbedingungen zu kämpfen. Und dies macht sich in gesteigertem Beziehungsstress bemerkbar. Denn im familiären Alltag zieht meist einer der Partner den Kürzeren. Zwar ist das klassische Modell –der Mann geht arbeiten, die Frau hütet die Kinder und macht den Haushalt – alles andere als ausgestorben, aber es stellt nur noch eine Möglichkeit unter vielen dar.

Alle Modelle haben so ihren Preis. Wer den Berufsausstieg auf Zeit wagt, begibt sich oft auf einen Weg ohne Wiederkehr in den erlernten Beruf oder in geringfügige Beschäftigungsverhältnisse. Die Nur-Hausfrauen-Lösung zementiert die traditionelle Rollenverteilung und schafft ein Imageproblem: Nur-Hausfrauen stehen unter besonderem Druck, alles, was sie machen, perfekt zu machen und nicht nur »gut«. Der Mann ist dann wie früher der Ernährer der Familie. Diese Rollenverteilung kann gut funktionieren, wenn beide Partner damit zufrieden sind. Wie Untersuchungen zeigen, wachsen Kinder am glücklichsten in Familien auf, in denen die Mutter gerne zu Hause ist. An zweiter Stelle kommen die Kinder, deren Mütter zufrieden im Job sind. Das Schlusslicht bilden jene Kinder, deren Mütter unzufrieden zu Hause bleiben. Wer als Mann den Erziehungsjob grundsätzlich übernehmen würde und bisher in einer gut verdienenden Position tätig ist, hat einiges zu verlieren. Dies schreckt ihn ab, auch wenn ihm die Vorstellung, eine Zeit lang Vollzeitvater zu sein, gefiele. Am besten noch scheint es den Paaren zu gehen, die entweder das traditionelle Modell leben und damit zufrieden sind oder sich beide die Erziehung teilen und beide teilzeittätig sind.

Dass insgesamt darin ordentlich viel Konfliktstoff steckt, liegt auf der Hand. Die Folgen: gegenseitige Vorwürfe, Verbitterrung, Gerechtigkeitsprobleme und Rückzug vom Partner. Das belastet die Beziehung erheblich. Anders als früher gibt es keine klaren Rollen mehr und wenn, dann meist auf Zeit. Heute müssen sich Partner über die Rollen verständigen, und dies erfordert Flexibilität, Verhandlungswillen und Bereitschaft zum Umdenken. Die neuen Freiheiten bedeuten allerdings auch neue Verwirrung. Was »männlich« oder »weiblich« genannt werden kann, ist heute unklarer denn je, und mit dieser Situation haben beide Geschlechter zu kämpfen. So müssen sich moderne Karrierefrauen etwa gegen den Vorwurf wehren, »Rabenmütter« zu sein, und Hausfrauen, dass sie zu wenig für ihre »Selbstverwirklichung« tun. Männer wiederum suchen ihr Heil in Alternativen zwischen »Macho« und »Softi«. Wem das alles zu kompliziert ist, erhofft sich von einer anderen Beziehung oder einem anderen Partner bessere Möglichkeiten – oder sucht als Single sein Glück.

Überhöhte Erwartungen

Liebe gibt es nicht an sich. Vorstellungen über Beziehungen und Liebe variieren zwischen verschiedenen Epochen und auch zwischen unterschiedlichen Kulturen. Das heute in westlichen Industrieländern dominante Beziehungsmodell ist im Kern ein romantisches: Die romantische Liebe ist eine Sehnsucht, die im 18. Jahrhundert an Kontur gewinnt. Sie richtet sich gegen die Beschränkungen eines Heiratsmarktes, der auf Gefühle keine Rücksicht nimmt. Liebe hat heute aber keine antikonventionelle Dimension mehr. Darüber hinaus ist die Idee der romantischen Liebe heutzutage den Ansprüchen kaum mehr gewachsen, soll sie doch alles unter einen Hut zu bringen, was man nur von einer Beziehung heutzutage erwarten kann: Prickelnde Leidenschaft, Verlässlichkeit, Nähe, Gemeinsamkeit, Geborgenheit, Aufregung und Sinnvermittlung. Zusätzlich suchen wir in der romantischen Liebe eine Idealmöglichkeit zur Selbstverwirklichung und Sinnfindung. Das ist geradezu die Quadratur des Kreises. In der Realität fliegt daher alles immer wieder auseinander: Für die Liebe im Sinne von Bindung und Verständnis ist es zweifellos gut, wenn sich im Leben der Partner nicht allzu viel Grundlegendes ändert. Für die Liebe als Anspruch auf Anregung und Aufregung ist nichts besser als eine abwechslungsreiche Beziehung und ständig neue Anforderungen an den Partner. Für eine Partnerschaft muss man gut zusammenpassen, für die Liebe braucht man auch den Gegensatz, die Fremdheit und Reibung. Für eine Partnerschaft muss man kompromiss- und verhandlungsbereit sein, für die Liebe ist es gut, auf all das zu verzichten. In der Kombination von Liebe und Partnerschaft entsteht ein doppelter Anspruch: Man will Aufregendes erleben und braucht den Partner als Garant für Abwechslung. Und man will Gleiches erleben und braucht ihn als Garant für emotionale Stabilität. Wichtigstes Kennzeichen des heutigen Liebesmodells ist die Idee der Vereinbarkeit von Aufregung und Geborgenheit und die Verschmelzung von Liebe und Sex und das intensiv und auf Dauer. Dem liegt die Vorstellung zugrunde, dass Lust, Verliebtheit und Liebe aufeinander aufbauen. Dies ist jedoch nicht der Fall. Sie können sich zwar überschneiden, müssen dies aber nicht. So kann man auf jemanden Lust haben, ohne in ihn verliebt zu sein oder ihn zu lieben. Und man kann jemanden lieben, ohne in diese Person je verliebt gewesen zu sein. Verliebtheit und Liebe sind nicht dasselbe. Aber genau das erwarten wir heute von der Liebe: dauernde Verliebtheit und damit prickelnde Leidenschaft. Setzen wir beide gleich, brauchen wir uns nicht zu wundern, wenn nachlassende Leidenschaft und Nähe nicht als normaler Verlauf der Liebe betrachtet werden, sondern als Indiz dafür, dass man nicht in der bestmöglichen aller Beziehungen lebt. Und schon ist man dann weg!

Im Wesentlichen sind es heute fünf Erwartungen, die mit einer Liebes-Beziehung verknüpft sind. Erstens die Erwartung an den perfekten Partner und die perfekte Partnerschaft. Die Gefahr dabei: Der jetzige ist nie gut genug, es gibt noch einen besseren. Wenn das große Glück sozusagen hinter jeder Ecke lauert, dann müssen wir uns ständig fragen: Habe ich mich jetzt richtig entschieden? Verpasse ich etwas? Sollte ich weitersuchen, um noch zufriedener zu sein? Das erzeugt einen ungeheuren Vergleichsdruck. Und damit verkehren sich die besten Voraussetzungen, die die Liebe jemals hatte, in ihr Gegenteil. Zwischen den Partner schafft dies ein Klima von Misstrauen, Eifersucht und Gehetztheit. Wir vergleichen uns und den Partner ständig mit anderen, ahnen, dass er oder sie es umgekehrt genauso mit uns macht – und haben oft Angst, nicht zu genügen. Mein Eindruck aus vielen Gesprächen: Viele Paare verwechseln »Attraktivität« mit Liebe. Das eine geht sehr schnell – das andere braucht Zeit.

Dazu kommt die Erwartung, dass durch den Liebsten die eigene Person aufgewertet wird: »Mach, dass ich mich als etwas Besonderes fühle!« In der romantischen Liebe suchen wir eine Idealmöglichkeit zur Selbstverwirklichung. Damit wird die Partnerschaft zum Ort gefühlsbezogener Sinnfindung.

Drittens die Erwartung: Versteh mich! Und: Mach mein Leben interessant! Damit sind heute Bindung und Stimulation gleichberechtigte Bestandteile unseres Begehrens – und unserer Enttäuschung.

Viertens die Erwartung, die Liebe soll es richten, und wehe, sie tut es nicht. Dann sucht man sich eine neue Liebe. Dies kommt einer Überschätzung der Liebe gleich, die sie in die Flucht treibt. Die Liebe ist eine zu schöne Sache, als dass man sie ständig überfordern sollte.

Und fünftens die Erwartung dauerhaften Liebesglücks. Früher stellte Zufriedenheit einen wichtigen Wert für eine Partnerschaft und Ehe dar. Für ältere Paare gilt dies auch heute noch großenteils. Man hatte ein »gutes Auskommen« miteinander. Auch dass man überhaupt so lange zusammenbleibt und sich zwei Menschen auf Dauer ertragen, war früher ein wichtiger Wert für die Partner. Gerade bei den jüngeren Paaren hat sich mittlerweile die Messlatte radikal verändert. Es geht nicht mehr um Zufriedenheit, sondern um nicht mehr und weniger als das Glück in der Liebe.

Verliebtheit und Liebe können ohne Frage sehr glücklich machen. Und auch die Erotik bietet Momente des Glücks. Man kann aber das Glück nicht herbeizwingen. Dem Glück kann man zwar Gelegenheiten geben, aber ob das ersehnte Gefühl auch eintritt, liegt oft jenseits unseres direkten Einflusses und ist das Nebenprodukt ganz anderer Zielsetzungen. Dauerhaftes Liebesglück ist kein durchgängiges Rezept für eine gelingende Beziehung, sondern eine unrealistische Erwartung.

Zweifellos: Ohne Erwartung läuft in der Liebe gar nichts. Deswegen hilft es auch nicht weiter, sich von allen Erwartungen zu befreien zu suchen. Erwartungen gehören untrennbar zur Liebe. Der Prozess der Abstimmung ist jedoch eine heikle Angelegenheit, der direkt ins Unglück führen kann.

Von einem Menschen, der meint, uns zu lieben, erwarten wir sowohl ein intuitives Verständnis wie ein absichtliches, also bewusstes Einlassen auf unsere Befindlichkeit. Die Fähigkeit zum Mitgefühl und die Erwartung, Mitgefühl und Anteilnahme eines anderen zu erhalten, sind wichtige Bausteine der Liebe. Wenn die Erwartungen weit darüber hinausgehen, und wenn sie wie Ansprüche gesetzt und vom Partner eingefordert werden, führen sie insgesamt zu einer zu hohen Erwartungshaltung, die Paare in die Knie zwingt. Es mag banal klingen, aber im Grunde ist die Liebe als solche nie in der Perfektion zu bekommen, wie man sie gerne hätte.

Lösungsversuche

Es gehört einiges dazu, das Dilemma zwischen dem Ideal der romantischen Liebe und dessen Scheitern nicht dadurch lösen zu wollen, dass man sich auf die eine oder andere Seite schlägt. Nach der einen Seite heißt, dem romantischen Liebesideal durch Dauerverliebtheit oder Partnerwechsel irgendwie doch nachzukommen, nach der anderen Seite durch Vernunft und Pragmatik und Verzicht auf ebendiese Ansprüche ein Scheitern der Beziehung zu verhindern. Beim Umgang mit diesem Dilemma zeichnen sich folgende Lösungsversuche ab:

Beziehungsshopping

Schlimmstenfalls bis zum Sankt Nimmerleinstag ist man dann auf der Suche nach dem Idealpartner, um enttäuscht festzustellen, gerade schon wieder nicht Mr. Right oder Mrs. Perfect getroffen zu haben. Denken Sie daran, dass, egal wie der Partner ist, Sie sich in jede Beziehung mitnehmen und dass es den perfekten Partner höchst selten gibt. Auch Dauersingle ist keine echte Alternative. Für die meisten Menschen ist es ein vorübergehender Zustand, den sie gerne wieder beenden würden. Eingefleischte Dauersingles sind eine Minderheit und werden es bleiben.

Liebe dich selbst

Ich kann zwar versuchen, zu mir selbst eine positive Einstellung zu haben, ob ich mich aber jemals so lieben kann, dass es egal ist, mit welchem Partner ich zusammen bin, ist doch ein sehr fragliches Konstrukt. Liebe ist bezogen, und in ihrer Bezogenheit liebe ich abhängig von meinem Partner jeweils auf eine bestimmte Weise. Zudem bedeutet es für viele Menschen schlichtweg eine Überforderung, sich selbst so in den Mittelpunkt zu stellen und diese Selbstliebe aus sich heraus zu kreieren.

Autonomie als Patentrezept

Unabhängigkeit und Autonomie haben nach wie vor Konjunktur. Wird dies aber so verstanden, dass man sich in seinem Selbstgefühl nicht mehr davon abhängig machen will, was andere über einen denken, wird es problematisch. Wir alle sind nämlich darauf angewiesen, unser Selbstgefühl von anderen gespiegelt zu bekommen. Wer nicht mehr auf den anderen oder die andere angewiesen ist, wäre im Grunde so autonom, dass er gar nicht mehr liebesbedürftig ist. Statt auf andere angewiesen zu sein, wird man zum selbstgenügsamen Perfektionisten. Wer will schon einen Menschen lieben, der einen nicht auch braucht. Die Lösung, sich selbst zu lieben und psychisch unabhängig zu sein vom Urteil der anderen, ist die falsche Antwort auf das Dilemma von romantischer Liebe und ihrem Scheitern.

Ausharren um jeden Preis

Aus der Angst, allein zu sein und womöglich auch keinen neuen Partner zu finden, hält man an der Partnerschaft fest. Bei diesem Lösungsversuch wird versucht, das Dilemma zwischen romantischer Liebe und ihrem Scheitern dadurch zu lösen, dass auf größere Ansprüche an die Beziehung verzichtet wird und man sich mit den Gegebenheiten abfindet. Sich fürs Bleiben zu entscheiden, setzt voraus, dass man auch gehen kann. Dieser Lösungsversuch dient der Vermeidung einer Trennung.

Die Affäre

Passen in ein Menschenleben mehrere Trennungen und mehrere Neuanfänge, ist auch noch Platz für Affären. Treue wird immer seltener, dafür umso kostbarer. Eine Affäre stellt den Versuch dar, beides unter einen Hut zu bekommen: das »Verstehe mich« und das »Mach mein Leben interessant«. Abwechslung und Konstanz, Stimulation und Bindung – dies nicht mit einer, sondern mit zwei Personen. Der Fluchtweg der Affäre steht heute weit offen – für beide Geschlechter. Und was vielleicht als reiner Seitensprung gedacht ist, kann sich leicht zu einer Liebesaffäre ausweiten. Der Lösungsversuch besteht hier darin, die verschiedenen gegensätzlichen Erwartungen auf mehrere Beziehungspartner zu verteilen. Das macht es ja dann auch entsprechend schwer, sich für den einen oder gegen den anderen entscheiden zu müssen.

Trennung

Man trennt sich vom Partner, behält aber das Ideal der romantischen Liebe bei und versucht es weiter – meist nicht mit größerem Erfolg. Ausnahmen bestätigen die Regel.

Ein Fazit

Der deutliche Wandel in den Beziehungen in allen Generationen schafft Chancen und Gefahren, die nah beieinander liegen.

Auf der einen Seite gehen Beziehungen immer häufiger in die Brüche, auf der anderen Seite wünschen sich fast alle generationenübergreifend eine lebenslange feste Beziehung und nicht von vornherein eine auf Zeit. Sie glauben an die große Liebe und träumen davon, dass sie ewig währt. Wenn sie sich verlieben, denken sie ein Ende nicht mit. Dieser scheinbare Widerspruch lässt sich dadurch auflösen, dass mit dem Wert Beständigkeit zunehmend eine andere Wertvorstellung konkurriert, nämlich die hohe emotionale Qualität der Beziehung. *Es geht nicht mehr* *um eine Beziehung überhaupt, sondern um eine gute bis sehr gute, liebevolle Beziehung mit dem richtigen Partner. Es geht nicht um Dauer an sich, sondern um Intensität. Viele Paare wünschen sich eine dauerhafte Beziehung, aber nur solange sie lebendig und gut ist; wenn sie ihnen Nähe, Austausch und Zufriedenheit bietet.*

Parallel dazu haben sich die Toleranz für Unzufriedenheit, die Tugend des Durchhaltens und Zueinanderstehens und die Bereitschaft, sich in sein Schicksal zu fügen, dramatisch verändert. Entspricht die Partnerschaft nicht den Erwartungen, wird sie beendet. Damit sind nicht nur Trennungen normaler geworden, sondern auch Neuanfänge. Die Mehrzahl der Paare erleben die Trennungen als schmerzhaft, aber nicht als persönliches Scheitern, wie dies früher häufig der Fall war.

Die allgemeinen Gründe für den deutlichen Wandel in den Beziehungen in allen Generationen sind: Moralische Zwänge, ökonomische Abhängigkeiten und religiöse Werte begründen heute immer weniger Partnerschaften. Auch Kinder sind nicht zwingend ein Stabilitätsfaktor. Und externe Anker spielen speziell bei jüngeren Paaren kaum noch eine Rolle. Was Partnerschaft ausmacht und auf Dauer zusammenhält, muss also immer mehr von innen geleistet werden.

Die Instabilität heutiger Beziehungen – das zeigen meine Therapiegespräche mit Paaren ebenso wie die Ergebnisse der Eheforschung – resultiert nicht aus Bindungsunfähigkeit , nicht aus Unfähigkeit zu Verbindlichkeit und Verantwortungsübernahme und auch nicht aus Mangel an sexueller Treue, sondern in erster Linie aus den hohen Qualitätsansprüchen an die Beziehungen: Liebe und Vertrauen, Verstehen und gemeinsame Lust. Damit sind Überforderungen und Enttäuschungen unvermeidlich. Wie diese von den Partnern interpretiert und wie sie psychisch verarbeitet werden, hat entscheidenden Einfluss darauf, ob sich Paare trennen oder nicht. Wer Überforderungen und Enttäuschungen dem Partner anlastet, treibt die Beziehung in die Insolvenz. Wer alles auf die äußeren Umstände schiebt, gefährdet ebenfalls seine Beziehung, weil er nichts unternimmt. Wer glaubt, alle Erwartungen unter einen Hut bringen zu können, geht ein hohes Risiko ein, bald vor der nächsten Trennung zu stehen. Statt den Partner zu wechseln, kann man sich auch für ein anderes »Modell« entscheiden. Auf dieses werde ich im dritten Teil eingehen.

4. Kapitel
Und Julia und Andreas?

Weder Julia noch Andreas haben – wie das Gespräch über ihre Herkunftsfamilien ergibt – problematische frühe Bindungserfahrungen in ihrem »Handgepäck«, und sie sind in Sachen Ehe keine »Newcomer«. Und dennoch steht ihre Beziehung auf Messers Schneide. Viele Anzeichen deuten darauf hin: was sie sagen und was nicht und was sie mit ihrer Körpersprache ausdrücken. Was sie nicht sagen, ist, dass sie sich noch lieben. Was sie sagen ist, dass sie enttäuscht sind. Was man spürt – gesagt und ungesagt – ist, dass beide den anderen für die Situation verantwortlich machen. »Weil du so bist..!« So beschwert sich Julia bei Andreas darüber, dass er gar nicht sie meine, sondern ein Bild, das er sich von ihr gemacht habe, und dass er ihr gar nicht zuhöre. Andreas kontert und wirft nun Julia vor, dass sie sowieso glaube, dass ihr niemand zuhöre. Deshalb könne er machen, was er wolle. Daraufhin beschwert sich Julia, dass sie nun daran schuld sein solle, wenn Andreas ihr nicht zuhöre. Empört bricht sie das Gespräch ab. Beide schweigen. Julia schaut aus dem Fenster, Andreas auf den Boden. Ein kurzer Dialog, der sehr viel verrät.

Schließlich bricht Andreas das Schweigen und spricht aus, was schon länger im Raum steht, seit der Dialog zwischen den beiden eröffnet ist: »Ich habe die Nase voll von diesen Diskussionen … und überhaupt …!« Jetzt wird es also ernst zwischen den beiden.

▸ Und Julia und Andreas?

TEIL II
Zusammenbleiben trotz Krise oder Trennung?

»Liebe ist kein Solo. Liebe ist ein Duett. Schwindet sie
bei einem, verstummt das Lied.«
Adelbert von Chamisso

»Du kannst nicht zwei Pferde mit einem Hintern reiten«
Woody Allen

1. Kapitel
Machen Sie eine Bestandsaufnahme Ihrer Beziehung

Befindet sich Ihre Beziehung auf Talfahrt?

Sie leben mit einem Partner zusammen, und dies schon länger. Im Laufe der Jahre werden Sie sich allmählich bewusst, dass Sie von Ihrer Beziehung mehr erwartet haben und dass Ihre Beziehung nicht so ist, wie Sie sich das vorgestellt haben. Möglicherweise sieht dies Ihr Partner, Ihre Partnerin, genauso. Wenn Sie für sich und Ihre Partnerschaft eine gute Entscheidung treffen wollen, braucht es als Erstes die Bereitschaft von Ihnen, sich ein klares Bild Ihrer Situation als Paar zu machen, eine Art von ehrlicher und nüchterner Bestandsaufnahme, die auf Fakten beruht. Es geht darum zu klären, was dort verbessert werden kann, beziehungsweise alternativ eine ganz neue Perspektive zu entwickeln. So oder so, es geht um Veränderung und nicht nur um eine Entscheidung.

Beziehungen verschlechtern sich selten über Nacht. Und selten ist es ein einzelnes Ereignis, das die Verschlechterung hervorruft. Sie ist jedoch der heimliche Feind der Paare. Langsam und unbemerkt wirkt sie auf die Beziehung ein. Sie ist genauso zerstörerisch wie Rost, der an Eisen nagt. Ein bestimmtes Maß wird vielleicht akzeptiert, aber früher oder später stellen beide oder einer fest, so habe ich mir das nicht vorgestellt. Und was dann? Um die Beziehung kämpfen oder aufgeben?

In jeder Beziehung befinden sich die Partner in einem von zwei möglichen Stadien. Das eine ist durch einen positiven Überschuss geprägt, hier überwiegen die positiven Gefühle. Es ist wie ein Puffer oder Polster. Wenn Sie sich in diesem Stadium befinden und Ihre Partnerin tut etwas, was Ihnen nicht gefällt, werden Sie sich sagen: »Naja, sie ist heute schlecht gelaunt.« Sind Sie im Stadium des negativen Überschusses, überwiegen die negativen Gefühle. Dann wird selbst eine relativ neutrale Aussage als negativ ausgelegt. In diesem negativen Stadium fällen die Partner dauerhafte Urteile übereinander. Wenn der Partner etwas Positives tut, dann tut er halt auch mal etwas Positives, er bleibt aber ein Egoist, der nur auf seinen Vorteil aus ist. Wenn die negativen Gefühle überwiegen und Ihr Partner Sie mitten im Reden unterbricht, sind Sie nicht bereit, dies als kleinen Regelverstoß anzusehen, sondern betrachten dies als feindlichen Manipulationsversuch: Statt zu sagen: »Hallo, ich war noch nicht fertig!«, werden Sie sagen: »Du lässt mich nie ausreden und deshalb sind Gespräche mit dir für die Katz!« Erst mal auf dem Weg nach unten, geht es bei vielen Beziehungen unaufhaltsam bergab.

Wir können heute ziemlich genau die Hinweise und Signale benennen, die charakteristisch für die Talfahrt einer Beziehung sind. Der Beginn liegt in sich häufenden Enttäuschungen und zunehmenden Konflikten, wie es sie zu bestimmten Zeiten im Verlauf jeder langjährigen Beziehung gibt. Diese haben meist mehrere Ursachen: Geplatzte Erwartungen, Unterschiede zwischen den Partnern, einschneidende Veränderungen im Familiensystem, externe Ereignisse, persönliche Entwicklungen der Partner sowie einzelne Ereignisse, die kritische »do-nots« betreffen – das sind Verhaltensweisen, mit denen sich die Partner in ihren wunden Punkten verletzen und die subjektiv als Katastrophe erlebt werden. In solchen Krisen besteht die Gefahr, dass Enttäuschungen ein kritisches Maß überschreiten und damit zum Zusammenbruch der konstruktiven Interaktionen führen und einen »Zwangsprozess« (Schindler et al., 1998) in Gang setzen: Dieser besteht darin, dass der Austausch negativer Verhaltensweisen zwischen den Partnern zunimmt; es wird vermehrt auf Verhaltensweisen reagiert, die missfallen.

In einem solchen kritischen Stadium fällt die persönliche Bilanz für einen oder beide Partner zunehmend negativ aus. Dadurch sinkt die Bereitschaft, in Vorleistung zu gehen und dem Partner weiterhin positiv zu begegnen. Das Motto heißt nun: »Warum immer ich, jetzt ist erst der andere dran.« Es wird nun zunehmend dazu übergegangen, Änderungen des Partners

▸ Machen Sie eine Bestandsaufnahme Ihrer Beziehung

mittels aversiver Maßnahmen durchzusetzen. Dies beginnt häufig bei alltäglichen Kleinigkeiten. Beispielsweise bei Verhaltensweisen des Partners, die für sich allein nicht störend wirken, jedoch durch die Häufigkeit ihres Auftretens für den anderen Partner aversiv werden und nicht mehr tolerierbar sind, z. B. bestimmte Gesten, Redensarten, Unordnung.

Spätestens jetzt kommen zu den sich häufenden negativen Verhaltensweisen auch negative Zuschreibungen auf den Partner. Beide gehen davon aus, dass die Beziehung nicht klappen kann, weil der andere so ist, wie er ist. Das heißt, der Partner wird für die Erwartungsdiskrepanz verantwortlich gemacht. Negative Zuschreibungen sind Generalisierungen, die sich weitgehend von den konkreten Situationen gelöst haben. Die Gegenhaltung dazu: Man unterstellt, sein Gegenüber handle aus dem jeweiligen Moment heraus. Wenn sich negative Zuschreibungen häufen, entdeckt man immer mehr Hinweise darauf, dass mit dem Partner von Anfang an etwas nicht gestimmt hat. Dies wirkt sich auch negativ auf die Beziehung selbst aus. Auch diese wird negativ umgeschrieben. Durch die zunehmende Negativbilanzierung der Partnerschaft beginnt auch eine Distanzierung von ihr. Dadurch wiederum lockert sich die Identifikation mit der Partnerschaft, die eine wichtige Grundlage einer stabilen und glücklichen Beziehung darstellt. Die Zufriedenheit mit der Beziehung sinkt, andere Partner gewinnen an Attraktivität, Trennungsgedanken nehmen zu. Am Ende steht schließlich der Rückzug. Die Partner vermeiden den Blickkontakt, geben keine Antwort, wenden sich ab oder stehen einfach auf und verlassen den Raum.

Info:
Zusammenfassung der Kennzeichen und Ergebnisse des Zwangsprozesses

➜ Enttäuschungen und Konflikte überschreiten ein kritisches Maß
➜ Der positive Austausch nimmt ab

- ➜ Der Austausch negativer Verhaltensweisen erhöht sich
- ➜ Negative Gefühle nehmen zu
- ➜ Negative Zuschreibungen häufen sich
- ➜ Die Qualität der Beziehung verschlechtert sich
- ➜ Die Bilanzierung der Beziehung fällt zunehmend negativ aus
- ➜ Es kommt zu Richtungskämpfen
- ➜ Es findet immer weniger eine erfolgreiche Konfliktlösung statt
- ➜ Die Kommunikation ist reduziert und destruktiv
- ➜ Die gegenseitige Attraktivität nimmt ab
- ➜ Die Identifikation mit der Beziehung lässt nach
- ➜ Die Zufriedenheit mit der Beziehung sinkt
- ➜ Alternativen werden attraktiv
- ➜ Streit oder Rückzug ist vorherrschend
- ➜ Trennung wird Thema

Quelle: Schindler et al., 1998

Die deutlichsten Signale für die Verschlechterung und Talfahrt einer Beziehung findet man in der Kommunikation der Partner. Die Merkmale hierfür sind Kritik, Verteidigungshaltung, Rückzug, Verachtung und aggressive Machtdemonstration (J. Gottman, 1995). Steuert man nicht beizeiten aktiv dagegen, vergiften sie die Beziehung und ruinieren sie Schritt für Schritt.

Kritik

In dem Maße, wie die Gewohnheit in einer Beziehung um sich greift und behutsam vorgetragene Beschwerden nichts fruchten, kommt auf leisen Sohlen die Kritik ins Spiel. Aber was ist so schlimm an einer Kritik? Während eine Beschwerde sich auf eine konkrete Handlung des Partners bezieht, attackiert eine Kritik die Person. Die Beschwerde beschränkt sich auf das Hier und Jetzt, Kritik ist allumfassend, und ihre Lieblingsvokabeln lauten »immer«, »nie«, »wieder mal« und »das Problem mit dir ist …«. Solche Rundumschlag-Kritik ist nicht nur äußerst verlet-

‣ Machen Sie eine Bestandsaufnahme Ihrer Beziehung

zend, sondern löst reflexartig heftige Gegenreaktionen aus. Damit aber ist der Streit vorprogrammiert. Denn wer ist schon so gelassen, um auf persönliche Kritik noch freundlich zu reagieren. Da die meisten Paargespräche von Frauen gestartet werden, sind es meist sie, die das Gespräch mit einem »groben Auftakt« beginnen: einem Vorwurf, einer Anklage, einer Zuschreibung.

Verteidigungshaltung

Kritik provoziert ein typisches Verhalten – die Verteidigung. Und weil das allzu menschlich ist, dauert es meist nicht lange, bis sich der zweite Untergangsbote in die Partnerschaft einnistet. Bei der Verteidigungshaltung oder Rechtfertigung ist meist das »Ja – aber« mit eingebaut: »Ja, ich sehe das ein, aber...« Rechtfertigung ist eine ziemlich sichere Strategie, um die Konflikte eskalieren zu lassen. Durch die Verteidigungshaltung wird ein wichtiges deeskalierendes Element übersprungen: Man signalisiert damit nicht, dass man den Ärger des Partners verstehen möchte. Die Folge: Der »Angreifer« fühlt sich nicht ernst genommen und setzt noch eins drauf. So schaukelt sich die Situation weiter auf.

Rückzug

Der Partner blockt Wünsche und Anliegen des anderen ab: »Das ist dein Problem, nicht meins!« Oder er reagiert gar nicht auf den Vorwurf. Er sitzt da wie versteinert und regt sich nicht. Indem sich die Partner voneinander abwenden, gehen sie zwar einem Streit aus dem Weg, aber ebenso ihrer Partnerschaft. Meist sind es Männer, die den Rückzug antreten.

Verachtung

Mit der Verachtung kommt eine neue Qualität in die Partnerschaft. Sie zielt nicht einfach nur darauf ab, das Verhalten des Partners zu kritisieren oder sich selbst gegen Kritik zu verteidigen. Jetzt geht es darum, den anderen zu verletzen, und zwar bewusst. Verachtung kommt immer von oben herab und beinhaltet eine offene oder versteckte Beleidigung. Damit wird die andere Person herabgesetzt, sie befindet sich dann auf einer Ebene unter einem. Sie drückt sich aus durch Sarkasmus, Zynismus oder respektlosen Spott. Aber auch ein Blick und ein Augenrollen können dem Partner die tiefe Abneigung spüren lassen. Verachtung will keine Probleme lösen, sondern verletzen und schädigen. Sie nährt sich aus lange schwelenden negativen Gedanken über den Partner.

Aggressive Machtdemonstration

Man stellt den anderen vor vollendete Tatsachen, trifft einseitige Entscheidungen, eventuell sogar noch hinter dessen Rücken. Man signalisiert dem Partner: »Wie auch immer du reagieren wirst, es wird mich nicht beeindrucken und mich nicht von meinem Handeln abbringen.« Damit zeigt man ihm, dass man nicht mehr bereit ist, Rücksicht zu nehmen. Machtdemonstration provoziert Ärger und verletzt. Anstelle des »Wir« tritt das »Ich«. Diese Form des Egoismus untergräbt jede Partnerschaft.

Einzelne Merkmale dieses Umgangs findet man bei vielen Paaren in Phasen der Verschlechterung ihrer Beziehung. Das bedeutet natürlich nicht, dass man damit unabwendbar auf dem Weg zur Trennung ist. Wenn sich diese Merkmale jedoch erst einmal festgesetzt haben, geht der Weg jedoch meist steil bergab. Paare sollten sie als ernste Warnsignale erkennen und ihnen rechtzeitig entgegenarbeiten.

Anklagen und Herabsetzungen sind in der Regel nur verzweifelte Hilferufe, mit denen man dem Partner die Dringlichkeit seines Anliegens zeigen will. Sie bewirken fatalerweise aber genau das Gegenteil, weil dieser sie als Strafaktion erlebt, mit denen er zu einem bestimmten Verhalten gezwungen werden soll. Partner möchten aber gerne selbst entscheiden, was sie tun oder lassen – heute mehr denn je. Ist der »Point auf no return« erreicht, kann man nämlich nichts mehr machen. Dann ist eine Rettung der Beziehung nicht mehr möglich.

Es sind vier Phasen, die das Endstadium einer Partnerschaft ausmachen (Gottman, 1995):

Phase 1

Die Partner haben das Gefühl, dass die partnerschaftlichen Probleme sowohl schwerwiegend als auch unlösbar sind. Sie leiden unter diesen Problemen, alles erscheint negativ und ausweglos.

Phase 2

Die Partner sehen keinen Sinn mehr darin, die Probleme zu besprechen. Sie haben die Hoffnung verloren, dass Gespräche helfen könnten.

Phase 3

Die Partner leben mehr und mehr nebeneinanderher. Jeder macht sein eigenes Ding, und es gibt nur noch weniges, was sie gemeinsam machen und was sie miteinander verbindet.

Phase 4

Die Partner sind einsam zu zweit: Sie fühlen sich unverstanden, nicht wahrgenommen und sehnen sich nach Nähe und Verständnis. An diesem Punkt angelangt, suchen viele die fehlende Nähe und Anerkennung in einer Affäre oder einer neuen Beziehung.

Für viele Paare verläuft der Weg vom Liebesglück zum Liebesleid als ein schleichender Zerfall der Partnerschaft, bei dem sich die Partner immer weiter auseinanderleben und sich in unterschiedliche Richtungen entwickeln.

Phasencheck

Prüfen Sie anhand der vier Phasen, ob eine oder mehrere auf Ihre Partnerschaft zutreffen. Befindet sich Ihre Partnerschaft noch in Phase 1, oder schon in Phase 2, 3 oder 4? Was empfinden Sie dabei? Geben Sie Ihrer Beziehung einen Namen, auf den Sie sich beide einigen können, wie z.B. eine »auf den Hund gekommene Beziehung« oder eine »vernachlässigte Beziehung«. Stellen Sie sich vor, Ihre Beziehung wäre eine Person – wie würde sich diese wohl fühlen? Was bräuchte Sie von Ihnen und Ihrem Partner?

→ Wollen Sie gegensteuern?

❏ Ja?   ❏ Nein?   ❏ Ich weiß nicht?

Wenn keine dieser Phasen zutrifft, befindet sich Ihre Beziehung noch vor dem Endstadium. Sie können aufatmen, dürfen aber nicht die Hände in den Schoß legen.

Überprüfen Sie Ihre partnerschaftliche Kommunikation

Um festzustellen, ob und in welchem Umfang Ihre partnerschaftliche Kommunikation die beschriebenen Merkmale aufweist, können Sie folgende Übung durchführen:

Check Partnerkommunikation

Nehmen Sie die Kommunikation zwischen Ihnen und Ihrem Partner oder Ihrer Partnerin zwei Wochen lang unter die Lupe. Hierfür benötigen Sie ein DIN-A4-Blatt Papier und etwas zu schreiben. Teilen Sie das Blatt der Länge nach in 4 Spalten. Schreiben Sie in die erste Spalte untereinander die Begriffe Kritik, Verteidigungshaltung, Rückzug, Verachtung und Machtdemonstration. In die nächste Spalte rechts davon schreiben Sie »trifft kaum zu«. In die nächste Spalte schreiben Sie »trifft öfters zu« und in die letzte Spalte »trifft sehr oft zu«. Dann tragen Sie jeden Abend Ihre Beobachtungen ein. Beobachten Sie zunächst das Verhalten Ihres Partners oder Ihrer Partnerin, später auch Ihr eigenes Verhalten. Hierfür können Sie die Rückseite des Papiers verwenden. So erfahren Sie wichtige Dinge über Ihr

► Machen Sie eine Bestandsaufnahme Ihrer Beziehung

eigenes Verhalten. Wenn Sie feststellen, dass auch Sie auf Ihren Partner mit Kritik, Rechtfertigung oder Verachtung reagieren, stellen sich die Probleme vielleicht in einem anderen Licht dar.

Wenn Ihre partnerschaftliche Kommunikation mehrere dieser Merkmale in gehäufter Weise aufweist, befindet sich Ihre Beziehung massiv auf Talfahrt. Steuern Sie also bei, bevor es zu spät ist.

Der Verlauf Ihrer Beziehung
Haben Sie das Gefühl, dass Sie sich nicht mehr gemeinsam weiterentwickeln? Dann sollten Sie zusammen überlegen, was Sie überhaupt zusammengebracht hat und wodurch sich die anfängliche Attraktivität allmählich in ihr Gegenteil verwandelt hat. Dazu können Sie folgende Übung verwenden:

Übung:
Damals und Heute
Nehmen Sie ein Blatt Papier und ziehen Sie darauf eine senkrechte Linie. Dann listen Sie auf der einen Seite alle Eigenschaften auf, die Sie anfangs an Ihrem Partner anziehend fanden. Auf der anderen Seite listen Sie auf, wie Sie diese Eigenschaften heute empfinden.

Positive Eigenschaften, die Sie früher anziehend fanden	Ihre Empfindungen heute
....	....
....	....
....	....
....	....
....	....
....	....
....	....
....	....
....	....

....
....
....
....
....
....
....
....
....
....

Es kann sein, dass Sie sich heute gegenseitig ganz anders sehen als früher – nur in welche Richtung? Ist die Veränderung Richtung negativ oder Richtung positiv gegangen? Ärgern Sie sich über Eigenschaften, die Sie anfangs äußerst attraktiv fanden? Wenn es Veränderungen in diesen Eigenschaften gab, waren diese voraussehbar? War es vielleicht schon immer so, nur haben Sie es früher nicht bemerkt? Haben Sie die rosarote Brille gegen die rabenschwarze eingetauscht? Haben Sie Warnungen aus dem Wind geschlagen? Fühlen Sie sich von Ihrem Partner getäuscht oder könnte es auch sein, dass Sie sich ein Bild von Ihrem Partner gemacht haben, das so gar nicht gestimmt hat.

Wenn Sie die rosarote Brille gegen die rabenschwarze ausgetauscht haben, drückt dies wahrscheinlich in erster Linie Ihren Frust über den Verlauf Ihrer Beziehung aus, und entspricht kaum einer realistischen Einschätzung Ihres Partners. Wenn Sie also wissen wollen, wie es um Ihre Beziehung bestellt ist, können Ihnen möglicherweise die folgenden Fragen weiterhelfen:

➜ Wie sah Ihre Beziehung in den besten Zeiten aus?
➜ Wann haben Sie zum ersten Mal eine Verschlechterung festgestellt?
➜ Gab es bestimmte Ereignisse und Vorkommnisse, die damit zusammenhängen?

▸ Machen Sie eine Bestandsaufnahme Ihrer Beziehung

- Wie haben Sie selbst sich im Laufe der Zeit verändert?
- Wie hat sich Ihr Partner im Laufe der Beziehung verändert?
- Wie würden Sie die schlimmste Phase Ihrer Beziehung beschreiben?
- Was haben Sie bisher schon unternommen, um Ihre Beziehung zu retten?
- Was davon hat wie funktioniert?
- Was hat nichts gebracht oder die Situation sogar verschlimmert?
- Wie wird es Ihrer Meinung nach mit Ihrer Beziehung weitergehen, wenn sich nichts ändert?
- Was wäre das Beste, was das Schlimmste, was Ihrer Beziehung passieren könnte?

Schreiben Sie die Antworten auf und prüfen Sie Ihre Gefühle dabei. Wenn Sie die Fragen nicht zusammen durchgehen können, wechseln Sie die Rolle und antworten so, wie Ihr Partner antworten würde.

Mit der folgenden Übung können Sie sich einen bildhaften Überblick darüber verschaffen, wie sich Ihre Beziehung entwickelt hat. Sehen Sie diese Übung als Ergänzung zu den Fragen, oder wenn Sie die Fragen nicht ansprechen, als Alternative. Ein Bild sagt oft mehr als tausend Worte.

Check: Die Darstellung des Beziehungsverlaufs

Nehmen Sie ein Blatt Papier und einen Stift. Legen Sie es im Breitformat vor sich hin. Malen Sie einen Kurvenverlauf Ihrer Beziehung vom Anfang Ihrer Beziehung bis heute. Kurvendiagramme eignen sich besonders für das Aufzeigen von Entwicklungsverläufen und für die vergleichende Darstellung wie etwa Ihre Darstellung und die Ihres Partners. Malen Sie eine Horizontale und eine Vertikale auf. Die horizontale Achse dient der Darstellung des zeitlichen Ablaufs. Die vertikale Achse dient der Angabe der Zufriedenheit auf einer Skala von 1 bis 10. Von welcher Zahl sind Sie gestartet? Wie zufrieden waren Sie am Anfang mit Ihrer Beziehung? Sehr, mittel, wenig oder gar nicht? War es Liebe auf den ersten Blick, oder ist die Liebe erst mit der Zeit dazugekommen? Mussten Sie sich erst zusammenraufen? Wie verlief die weitere Entwicklung Ihrer Beziehung? Im Zick-zackkurs nach oben, konstant auf einem bestimmten Niveau oder nach anfänglichem Aufschwung flach oder steil nach unten? Wann gab es die meisten Aufs – und Abs? Wie stellt sich die momentane Situation dar? Wo ist Ihre Kurve in puncto Zufriedenheit angekommen? Malen Sie nun die Kurve über den jetzigen Zeitpunkt hinaus! Erlauben Sie sich einen Blick über die Gegenwart hinaus: Wo sehen Sie Ihre Beziehung in der näheren oder weiteren Zukunft? Weiter auf Talfahrt oder wieder bergauf? Was glauben Sie, wie die Kurve weitergeht, wenn sich nichts ändert? Wo liegt Ihrer Vorstellung nach der Stopppunkt, an dem die Entwicklung noch umkehrbar ist? Ist Ihre Beziehung aus Ihrer Sicht dort schon angekommen, noch davor oder schon über diesen Punkt hinüber?

Bitten Sie Ihren Partner oder Ihre Partnerin, ebenfalls ein Kurvendiagramm zu erstellen. So können Sie feststellen, ob Sie beide die Situation ähnlich beurteilen oder unterschiedlich. Haben Sie und Ihr Partner dieselbe Einschätzung, können Sie ohne Umwege gemeinsam überlegen, welche Schlussfolgerung Sie daraus ziehen. Im zweiten Fall sollten Sie darüber sprechen, wie jeder von Ihnen zu seiner unterschiedlichen Einschätzung gekommen ist. Versuchen Sie offen zu sein für die Argumente der anderen Seite. Halten Sie Ihre Einschätzung nicht für die einzig Richtige.

Vergleichen Sie Ihre Werte

Unsere inneren Werte bestimmen sehr stark unser Leben. Oft sind uns die wirklichen Werte, nach denen wir leben, nicht be-

▸ Machen Sie eine Bestandsaufnahme Ihrer Beziehung

wusst. Innere Werte sind die Gründe dafür, warum wir etwas tun oder nicht. Sie sind eine treibende und motivierende Kraft in uns. Weil unsere Werte so wichtig sind, reagieren wir überaus empfindlich und verletzbar. Verletzen andere unsere wichtigsten Werte, so ärgern wir uns und fühlen uns respektlos behandelt. Verletzen wir selbst unsere wichtigsten oder höchsten Werte, haben wir das Gefühl, uns selbst untreu zu werden. Unsere Werte haben eine bestimmte Rangfolge; nicht alle sind gleich wichtig. Die Werte mit höchster Priorität haben auch den größten Einfluss auf das, was wir tun oder lassen.

Eine ganze Reihe von partnerschaftlichen Konflikten zwischen Partnern entsteht durch Unterschiedlichkeit oder Gegensätzlichkeit von Werten.

Für die Dauer einer Beziehung ist es deshalb wichtig, dass bei den wichtigsten Werten eine möglichst hohe Übereinstimmung besteht. Je unterschiedlicher die Werte sind, umso gefährdeter ist die Beziehung. Wenn Sie Ihre Werte nicht umsetzen können, werden Sie möglicherweise das Gefühl bekommen, dass Ihnen etwas Wichtiges fehlt und dass sie mit Ihrer Beziehung nicht so identifiziert sind, wie Sie das sein möchten. Ihre Beziehung wird dann mühsam und wenig effektiv sein, Sie fühlen sich ausgelaugt und müde. Meist wird dann der andere beschuldigt. Damit einher geht die Erwartung, dass dieser etwas verändert, damit es einem gut geht. Wenn Ihre Beziehung es Ihnen ermöglicht, Ihre Werte zu leben, macht die Beziehung Spaß und Ihr Engagement ist viel größer.

Wertekonflikte können sich unter bestimmten Umständen zu einem richtigen Dilemma und einer handfesten Paarkrise auswachsen. Das Dilemma ist dann oft: Treue zu sich oder zur Beziehung!

Info Werte

Achtung • Aktivität • Akzeptanz • Altruismus • Anerkennung • Ausgeglichenheit • Beharrlichkeit • Bescheidenheit • Besonnenheit • Bildung • Charisma • Demokratie • Distanz • Disziplin • Ehre • Ehrlichkeit • Einfluss • Erfolg •

Ernsthaftigkeit • Familie • Fantasie • Freiheit • Freude • Freundschaft • Frieden • Fülle • Fürsorglichkeit • Gastlichkeit • Geborgenheit • Gehorsam • Gelassenheit • Gemeinschaftssinn • Geradlinigkeit • Gerechtigkeit • Geschmack • Geselligkeit • Gesundheit • Glaube • Gleichheit • Glück • Großmut • Großzügigkeit • Lebensstil • gute Laune • Harmonie • Heimat • Heiterkeit • Herausforderung • Herkunft • Herzlichkeit • Höflichkeit • Humor • Identität • Individualität • Interesse • Jungfräulichkeit • Kameradschaft • Klugheit • Kompetenz • Konfliktfähigkeit • Kreativität • Lässigkeit • Leichtigkeit • Liebe • Loyalität • Macht • Menschlichkeit • Mitgefühl • Mut • Nachkommen • Nachsicht • Nähe • Natur • Objektivität • Offenheit • Ordnung • Originalität • Persönlichkeit • Pflichtbewusstsein • Pracht • Pragmatismus • Prinzipientreue • Pünktlichkeit • Rechtmäßigkeit • Redegewandtheit • Reichtum • Respekt • Rücksicht • Ruhe • Ruhm • Sauberkeit • Selbstständigkeit • Selbstverwirklichung • Sexualität • Sicherheit • Sparsamkeit • Spontaneität • Stärke • Tapferkeit • Tatkraft • Toleranz • Tradition • Treue • Überlegenheit • Überzeugung • Umweltschutz • Unabhängigkeit • Unparteilichkeit • Veränderung • Verantwortung • Verbindlichkeit • Vergnügen • Vernunft • Verschwiegenheit • Vertrauen • Wahrhaftigkeit • Wahrheit • Wechsel • Weisheit • Weitblick • Widerspruchsgeist • Zärtlichkeit • Zeitlosigkeit • Zugehörigkeit • Zusammenhalt • Zuverlässigkeit

Quelle: Akademie für Bewusstheit und Klarheit

Je näher sich Menschen stehen, umso wichtiger ist ein Austausch über die Werte des jeweils anderen und deren Bedeutung.

Eine Überprüfung von Werten kann auf verschiedene Weise erfolgen. Ich empfehle eine Vorgehensweise, die aus mehreren Schritten besteht, die aufeinander aufbauen. Zuerst muss sich jeder von Ihnen klar werden, welche Werte ihm wichtig sind. Konzentrieren Sie sich dabei in erster Linie auf den Privatbereich Ihres Lebens. Wenn Sie nicht auf Anhieb sagen können, welche Werte das sind, werden Ihnen sicher die Beispiele im Info-Teil weiterhelfen. Danach erstellen Sie eine Wertehierarchie. Dies ist nichts anderes als eine Rangfolge von Werten höchster Bedeutung.

Der weitere Schritt besteht dann darin, Ihre Wertehierarchie und die Ihres Partners zu vergleichen und die Werteunterschie-

▸ Machen Sie eine Bestandsaufnahme Ihrer Beziehung

de zu prüfen. In welchen zentralen Werten stimmen wir weitgehend überein, in welchen nicht? In einem nächsten Schritt klären Sie, ob sich Werte von hoher Priorität bei einem von Ihnen oder bei Ihnen beiden verändert haben – z.B. weil Sie sich in einer anderen Lebensphase befinden oder in bestimmten Werten Wünsche und Bedürfnisse von Ihnen entdecken. Welche Werte haben an Bedeutung zugenommen, sind also in Ihrer Wertehierarchie aufgestiegen, welche abgestiegen oder gleich geblieben? Wenn Werte für unsere Entscheidungen und Handlungen so wichtig sind, haben sie auch Einfluss auf unsere Ziele. Wir werden vor allem solche Ziele verfolgen, die mit unseren Werten harmonieren. Das ist der vorletzte Schritt: Wie verbinden sich Ihre Werte mit Zielen, die Ihnen am Herzen liegen. Der letzte Schritt besteht darin, Wunsch und Realität Ihrer Werte miteinander zu vergleichen (Helmut Weil, 2010).

Mit dem nachfolgenden Partnercheck können Sie Schritt für Schritt die einzelnen Punkte überprüfen und so eine Bestandsaufnahme Ihrer gemeinsamen Werte durchführen. Damit haben Sie jede Menge Gesprächsstoff.

Check: Meine Werte, deine Werte, unsere Werte

➔ Nennen Sie 5 Werte, die in Ihrem Privatleben für Sie einen sehr hohen Stellenwert haben.

....

....

....

➔ Bringen Sie diese in eine Rangfolge.

1...........................
2...........................
3...........................
4...........................
5...........................

→ An welchem Verhalten von Ihnen könnte Ihr Partner diese Werte erkennen?

....

....

....

→ Schreiben Sie Ihre Wertehierarchie und die Ihres Partners nebeneinander und vergleichen Sie diese miteinander.

1........................   1........................

2........................   2........................

3........................   3........................

4........................   4........................

5........................   5........................

→ Welche Werte haben im Laufe Ihrer Beziehung an Bedeutung gewonnen, welche verloren?

Aufsteiger	Absteiger
....	....
....	....
....	....

→ Stimmen Ihre privaten Ziele mit Ihren wichtigsten Werten überein?

Ziel	Wert
....	....
....	....
....	....

→ Wer würde nicht gerne Werte wie Offenheit, Empathie, Kreativität und andere mehr zu seinen Werten zählen. Prüfen Sie, ob Ihre Wunschwerte und Ihr tatsächliches private Verhalten auseinanderklaffen? Wie könnte sich eine solche Diskrepanz im Verhalten spiegeln?

Wunschwert	Realverhalten
....	....
....	....
....	....

► Machen Sie eine Bestandsaufnahme Ihrer Beziehung

Eine Beziehung braucht gemeinsame Werte, damit sich die Partner auf etwas zubewegen können. Und für die Dauer einer Beziehung ist eine hohe Übereinstimmung in Werten mit höchster Priorität günstig. Ausnahmen bestätigen die Regel. Sie erfordern allerdings sehr viel Toleranz und Austausch, um sich nicht ständig verletzt zu fühlen. Was hat Ihre Überprüfung ergeben? Wie bewerten Sie das Ausmaß an Übereinstimmung: als gering, ausreichend oder hoch? Bei geringer Übereinstimmung fehlt Ihnen etwas Wesentliches in Ihrer Partnerschaft. Vielleicht war Ihnen bisher nicht klar, was Ihnen fehlt und Sie sehen dies jetzt mit anderen Augen. Wenn Sie Ihre Partnerschaft als mühsam erleben und Sie sich öfters ausgelaugt fühlen, könnte das ebenfalls damit zusammenhängen. Leider werden Wertekonflikte häufig gar nicht als solche erkannt und thematisiert. Zum einen, weil man sich die Frage in der Weise gar nicht stellt, zum anderen, weil sich die Gespräche zwischen den Partnern oft am Verhalten festbeißen. Was nicht erkannt wird, kann jedoch auch nicht angegangen werden. Wenn Sie mit Werten Ihres Partners auf Kriegsfuß stehen, könnte dies auch daran liegen, dass diese eigene unbewusste und abgelehnte Seiten von Ihnen ausdrücken. Ist einem das erst einmal klar, braucht man sie nicht mehr schlecht zu reden oder zu bekämpfen.

Wertekonflikte sind nichts ehrenrühriges, im Gegenteil: Sie können Ihnen und Ihrem Partner klarmachen, was Ihnen fehlt und ob Sie diesen Mangel gemeinsam beheben können. Nicht zu vereinbarende Wertehierarchien sind ein guter Grund, sich zu trennen.

Anstatt die Flinte jedoch zu früh ins Korn zu werfen und an Ihrer Beziehung und an Ihrem Partner zu zweifeln, könnten Sie auch versuchen, an diesem Thema gemeinsam zu arbeiten. *»Ich empfinde nichts mehr für dich!«, das ist das Todesurteil der Liebe. Doch in Wahrheit ist es nur ein romantischer Irrtum. Richtiger wäre: So, wie wir jetzt miteinander zusammen sind, empfinden wir nichts mehr füreinander. Wir lieben aneinander vorbei.*

Die Stärken und Schwächen Ihrer Beziehung

Die moderne Paarforschung hat eine Reihe von Bereichen ausgemacht, anhand derer sich die Stärken und Schwächen und damit die Qualität einer Beziehung einschätzen lässt.

Die wichtigsten Bereiche sind Alltagsbewältigung, Sexualität und Attraktivität, positive Emotionalität, Kommunikation, Autonomie der Partner, Umgang mit Konflikten, Ziele und Werte und die erfolgreiche Bewältigung von Stress.

Mithilfe des nachfolgenden Tests können Sie herausfinden, wo die Stärken und Schwächen Ihrer Beziehung liegen. Denken Sie daran, dass es sich um eine Momentaufnahme handelt. Überlegen Sie bei jeder der folgenden Aussagen, inwieweit sie derzeit auf Ihre Partnerschaft zutrifft. Kreuzen Sie den entsprechenden Kreis in der ersten Spalte an. Markieren Sie dann in der zweiten Spalte, wie wichtig dieser Punkt für Sie ist. Achten Sie dabei auf Ihre Gefühle. Bitten Sie Ihren Partner oder Ihre Partnerin, die Fragen ebenfalls zu beantworten. So können Sie feststellen, ob und wo Sie gemeinsam Ansatzpunkte finden, Ihre Beziehung zu stärken.

Test: Stärken und Schwächen Ihrer Beziehung

Alltagsgestaltung und -bewältigung

	Das trifft zu …			Das ist für mich …		
	völlig	teils	kaum	sehr wichtig	wichtig	weniger wichtig
Wir teilen die Arbeit im Haushalt gerecht auf.	o	o	o	o	o	o
Wir sind uns darüber einig, wie wir unser Geld ausgeben.	o	o	o	o	o	o
Wir sprechen ab, wie wir unsere Zeit auf Arbeit und Freizeit verteilen.	o	o	o	o	o	o
Unsere gemeinsame Freizeit gestalten wir so, dass wir beide etwas davon haben und sie genießen.	o	o	o	o	o	o

▸ Machen Sie eine Bestandsaufnahme Ihrer Beziehung

Sexualität und körperliche Attraktivität

	Das trifft zu ...			Das ist für mich ...		
	völlig	teils	kaum	sehr wichtig	wichtig	weniger wichtig
Wir sprechen offen miteinander über unsere sexuellen Wünsche.	o	o	o	o	o	o
Wir sind uns über die Häufigkeit unserer sexuellen Kontakte einig.	o	o	o	o	o	o
Wir machen uns Komplimente und zeigen uns, dass wir uns attraktiv finden.	o	o	o	o	o	o
Unsere Sexualität empfinden wir beide als lustvoll und befriedigend.	o	o	o	o	o	o
Jeder von uns ergreift mal die sexuelle Initiative.	o	o	o	o	o	o

Positive Emotionalität

	Das trifft zu ...			Das ist für mich ...		
	völlig	teils	kaum	sehr wichtig	wichtig	weniger wichtig
Wir wissen, wie wir einander eine Freude bereiten können, und tun das auch von Zeit zu Zeit.	o	o	o	o	o	o
Wir verwöhnen uns gerne gegenseitig (zum Beispiel mit einer Massage, dem Lieblingsessen oder einem Kaffee am Bett).	o	o	o	o	o	o
Wir zeigen uns unsere Liebe und Zuneigung im Alltag durch kleine Gesten und Worte.	o	o	o	o	o	o
Wenn wir zusammen sind, haben wir viel Spaß miteinander.	o	o	o	o	o	o
Wir nehmen uns in den Arm und sind zärtlich miteinander.	o	o	o	o	o	o
Wir loben einander.	o	o	o	o	o	o
Über kleine Schwächen des anderen können wir hinwegsehen.	o	o	o	o	o	o

Verbale Kommunikation

	Das trifft zu ...			Das ist für mich ...		
	völlig	teils	kaum	sehr wichtig	wichtig	weniger wichtig
Wir sprechen offen über unsere Erwartungen und Wünsche.	○	○	○	○	○	○
Wir sprechen auch miteinander über negative Gedanken und Gefühle.	○	○	○	○	○	○
Wir sprechen darüber, was wir am Tag so gemacht haben.	○	○	○	○	○	○
Wir fragen einander, wie der Tag war.	○	○	○	○	○	○
Wir gehen bei unseren Gesprächen aufeinander ein, sodass wir uns verstanden fühlen.	○	○	○	○	○	○

Autonomie

	Das trifft zu ...			Das ist für mich ...		
	völlig	teils	kaum	sehr wichtig	wichtig	weniger wichtig
Wir unternehmen auch mal was allein.	○	○	○	○	○	○
Neben einem gemeinsamen Freundeskreis hat jeder von uns auch seine eigenen Freunde.	○	○	○	○	○	○
In unserer Partnerschaft hat jeder das Recht auf kleine Geheimnisse.	○	○	○	○	○	○
Jeder von uns hat Geld zur eigenen Verfügung.	○	○	○	○	○	○

Umgang mit Konflikten

	Das trifft zu ...			Das ist für mich ...		
	völlig	teils	kaum	sehr wichtig	wichtig	weniger wichtig
Nach einem Streit können wir uns auch wieder versöhnen.	○	○	○	○	○	○
Wir verzeihen einander, wenn etwas vorgefallen ist (und der andere sich entschuldigt hat).	○	○	○	○	○	○
Bei einem Streit sind wir bereit, Kompromisse einzugehen.	○	○	○	○	○	○
Bei einem Streit geht es uns um eine konstruktive Lösung des Problems und nicht darum, wer Sieger oder Verlierer ist.	○	○	○	○	○	○

▸ Machen Sie eine Bestandsaufnahme Ihrer Beziehung

Ziele und Werte

	Das trifft zu ...			Das ist für mich ...		
	völlig	teils	kaum	sehr wichtig	wichtig	weniger wichtig
Wir schmieden gemeinsame Zukunftspläne.	o	o	o	o	o	o
Wir haben gleiche Lebensanschauungen (Werte, politische Überzeugungen, Glaubensbekenntnis).	o	o	o	o	o	o
Wir haben gemeinsame geistige Interessen (zum Beispiel Literatur, Kunst, Theater).	o	o	o	o	o	o
Wir blicken mit Stolz auf unsere gemeinsame Geschichte, auf das, was wir zusammen erlebt und geschaffen haben.	o	o	o	o	o	o

Stressbewältigung

	Das trifft zu ...			Das ist für mich ...		
	völlig	teils	kaum	sehr wichtig	wichtig	weniger wichtig
Wenn wir gestresst sind, helfen wir uns gegenseitig, das Problem zu relativieren und in einem neuen Licht zu sehen.	o	o	o	o	o	o
Wir geben einander das Gefühl, dass wir uns verstehen und dass uns der Stress des anderen interessiert.	o	o	o	o	o	o
In stressigen Zeiten geben wir uns gegenseitig Raum zum Aussprechen, reden einander gut zu und muntern uns gegenseitig auf.	o	o	o	o	o	o
Wenn einer von uns gestresst ist, übernimmt der andere einen Teil seiner Aufgaben, um ihn zu entlasten.	o	o	o	o	o	o
In stressigen Zeiten entspannen wir uns miteinander (etwa durch Massagen, gemeinsames Musikhören, Spazierengehen).	o	o	o	o	o	o

Quelle: stern 44, 2009

Werten Sie den Test folgendermaßen aus:

Schauen Sie sich die ausgefüllte Liste nun noch einmal an, und zwar zunächst mit Blick auf die Aussagen, bei denen Sie »trifft völlig zu« und gleichzeitig »sehr wichtig« angekreuzt haben. Das sind die Stärken Ihrer Partnerschaft. Als Nächstes schauen Sie auf die Aussagen, bei denen Sie »trifft kaum zu« und gleichzeitig »sehr wichtig« angegeben ist. Das sind die Bruchstellen Ihrer Partnerschaft.

Es gibt keinen wissenschaftlichen Wert, nach dem sich sagen ließe, wann eine Partnerschaft zu wenige Stärken oder zu viele Schwächen hat. Aber wenn Sie die Stärken und Schwächen einander gegenüberstellen, bekommen Sie eine Vorstellung davon, wie die Gewichte in Ihrer Beziehung verteilt sind. Wenn die Schwächen überwiegen, ist das noch kein Grund, die Flinte ins Korn zu werfen. Analysieren Sie die Gründe und überlegen Sie ehrlich, ob Sie sich mit Ihrer Beziehung schon länger im Minus befinden oder ob es sich um eine kurzfristige Flaute handelt. Klären Sie, auf welche Schwächen Sie am ehesten Einfluss nehmen könnten, wenn Sie die Qualität Ihrer Beziehung verbessern möchten. Beginnen Sie mit den Punkten, bei denen Sie am meisten Zuversicht spüren. Um Ihre Stärken noch auszubauen, müssen Sie auf Aussagen schauen, bei denen Sie »sehr wichtig« und gleichzeitig »teils, teils« angekreuzt haben. Da liegen Ansatzpunkte, die Sie womöglich entwickeln und erweitern können.

Was eine Beziehung stark macht, kann sehr unterschiedlich sein. Doch immer gehört dazu, dass die Beziehung selbst einen hohen Stellenwert hat und nicht an letzter Stelle kommt. Eine gute Beziehung ergibt sich nicht von selbst.

Wie lautet das Fazit Ihrer Bestandsaufnahme? Ist Ihre Beziehung noch zu retten? Ja! Nein! Oder: Ich weiß es nicht!

Was haben Sie bisher schon unternommen? Mit welchem Erfolg? Was passiert, wenn Sie nichts unternehmen? Wollen Sie selbst die Entscheidung treffen, wie es mit Ihnen und Ihrem Partner weitergeht? Möglicherweise sehen Sie klarer, wenn Sie die in Ihrer Beziehungskrise steckende Botschaft herausfinden und sich klar werden, ob Sie sich von Ihrem Partner oder von Ihrer jetzigen Beziehung trennen wollen.

2. Kapitel
Um welche Veränderung geht es Ihnen?

Die Botschaft Ihrer Beziehungskrise entschlüsseln

Eine Krise beinhaltet immer zwei Seiten: Sie ist Gefahr und Chance in einem. Das ist bei einer Beziehungskrise nicht anders. Und demzufolge kann sie »Freund« oder »Feind« sein. Krisen können zerstören oder aufbauen. Als potenzieller Freund vermittelt die Krise Ihrer Beziehung eine Botschaft, auf die man hören sollte. Sie hat fast immer denselben Tenor: Wenn Sie und Ihr Partner so weitermachen wie bisher, besteht lediglich Aussicht auf weitere Verschlechterung Ihrer Beziehung, auf noch mehr Konflikte, Langeweile und Frust und dem Verlust des letzten Funkens Liebe und Wärme. In einer Partnerschaft oder Ehe rührt diese Art von Krise meist von einem tiefen inneren Gefühl, dass etwas in dieser Beziehung anders werden muss – ziemlich anders.

Die Botschaft, die Ihnen Ihr inneres Gefühl vermitteln möchte, lautet oft: »Ich weiß nicht, ob es für diese Beziehung noch Hoffnung gibt«. »Unsere Beziehung ist viel schlechter, als ich dachte«. »Ich kann oder will so nicht weitermachen«. Oder die Botschaft äußert sich auf positivere Weise: »Wenn wir an unserer Beziehung arbeiten, kann sie wieder besser werden.« »Unsere Ehe hat ein großes Potential«. »Wenn ich klarer sage, was ich will, kann mein Partner zukünftig besser damit umgehen.«

Eine Paarbeziehung, eine Liebe ohne Krise kann es nicht geben. Krisen sind die Wachstumszeiten der Liebe. Krisen bieten Entwicklungsmöglichkeiten. Sie führen uns vor Augen, dass ein kritischer Punkt erreicht ist und eine Wende ansteht. Es ist eine wichtige Botschaft aus unserem Innersten, die uns drängt, uns auf eine Entscheidung zuzubewegen, die unser Leben und das unseres Partners verändern wird. Wenn Sie in der Vergangenheit schon öfter an diesem Punkt waren und diese innere Stimme durch was auch immer zum Schweigen gebracht haben, schenken Sie ihr dieses Mal alle Aufmerksamkeit, zu der Sie fähig sind. *Wo man nicht mehr in gewohnter Weise lieben kann, muss man nicht stehen bleiben, sondern weitergehen. Aber als Paar.*

Veränderungen sind unbequem, machen Angst, und ihr Ausgang ist oftmals ungewiss. Wie die moderne Stressforschung herausgefunden hat, hängt das Erleben von Stress davon ab, wie die Situation subjektiv wahrgenommen wird und welche Bedeutung sie hat. Unsere Wahrnehmung ist nicht die Wirklichkeit, sondern unsere Sicht der Wirklichkeit. Es gibt im Wesentlichen fünf Situationseinschätzungen mit jeweils recht unterschiedlichen Auswirkungen auf das Erleben und Verhalten: die Situation wird als Bedrohung wahrgenommen, als Verlust, als Schädigung, als Herausforderung oder als positiv. Diese Einschätzungen erfolgen in der Regel schnell und unbewusst. Die meisten Gefühle sind Folge unserer Einschätzung. Gleichzeitig wirken diese auf unsere Einschätzung zurück. Es liegt eine Wechselwirkung vor.

Info
Der Einfluss der Einschätzung auf die erlebten Gefühle

→ Einschätzung als Bedrohung = Angst
→ Einschätzung als Schädigung = Ärger
→ Einschätzung als Verlust = Deprimiertheit/Trauer
→ Einschätzung als Herausforderung = Aktivierung/Energie
→ Einschätzung als positiv = Freude

Quelle: G. Bodenmann, 1997

Das Gefühl der Bedrohung entsteht vor allem dann, wenn wir die Situation nicht einschätzen können, ihr aber auch nicht aus dem Weg gehen können. Und man weiß nicht, wie das Ganze ausgehen wird, ob sich die Situation von allein wieder einrenkt. Abwarten und stillhalten sind typische Reaktionen. Da jede Veränderung auch mit einem Verlust einhergeht, sind Verlustgefühle häufig. Wird eine Situation als Verlust wahrgenommen,

► Um welche Veränderung geht es Ihnen?

fehlt uns der Blick auf das, was wir gewinnen können. Wir sind ganz von dem drohenden Verlust absorbiert. Die Ungewissheit über den Verlust und über das »danach« spielt ebenfalls eine wichtige Rolle. Schätzen wir die Situation als Schädigung ein, unterstellen wir der anderen Seite ein persönliches Interesse, uns finanziell, seelisch oder sozial schaden zu wollen. Und angesichts von so viel Gemeinheit fühlen wir uns hilflos oder schlagen blind zurück. Eine Situation wird bevorzugt dann als Herausforderung wahrgenommen, wenn die Bedeutung groß ist, man Einfluss auf die Situation nehmen kann und die Chance gering ist, dass sich die Situation von selbst zum Guten wendet. Das fehlende Puzzleteil, das man dann noch braucht, um handlungsfähig zu sein, ist Gewissheit.

Versuchen Sie sich klarzumachen, wie Sie Ihre Situation wahrnehmen. Sobald Ihnen das klar ist, verstehen Sie auch Ihre Reaktionen und Gefühle besser, denn ihre Wahrnehmung hat direkt Auswirkungen auf Ihr Erleben und Verhalten. Auf Bedrohung reagieren die meisten Menschen mit Angst. Verlust ist häufig mit dem Gefühl von Trauer und Schmerz verknüpft, während die Wahrnehmung einer Situation als Schädigung in aller Regel heftige Aggressionen auslöst – von Ärger bis Wut oder Hass. Wird die Beziehungskrise dagegen als Herausforderung wahrgenommen, stellen sich Gefühle wie Aktivierung, Energie und Neugierde ein. Das sind zweifellos die besten Voraussetzungen, sich der Herausforderung einer Krise zu stellen.

Übung:
Wie nehme ich unsere Situation wahr?
Formulieren Sie in einem Satz, ohne lange zu überlegen, wie Sie Ihre partnerschaftliche Situation wahrnehmen.

....

....

Wenn Ihre Krise auf einer Bühne dargestellt werden würde, welche Stimmung würde vorherrschen? Welches Genre (Drama, Tragödie, Oper, Krimi, Komödie etc.) würde dazu passen?

....

....

Stellen Sie sich und Ihren Partner als Cartoonfiguren vor. Was machen diese Personen? Was steht in den Sprechblasen?

....

....

Nach S. Tobler, 2009

Den Gedanken an Trennung ernst nehmen

Der nächste Schritt besteht darin, den Gedanken an Trennung ernst zu nehmen und herauszufinden, von was Sie sich trennen wollen. Der Anlass zu einer Entscheidung über die Zukunft der Partnerschaft ist meist ein konkretes Ereignis, das einen oder beide Partner zu der Auffassung bringt, dass es so nicht mehr weitergehen kann. Es gibt viele derartige Anlässe, die das berühmte »Fass zum Überlaufen bringen«: Einmalige oder wiederholte Untreue, gesundheitliche Probleme, die man auf die Partnerschaft zurückführt, sexuelles Desinteresse, Liebesentzug, der soundsovielte Krach, der außer Kontrolle gerät, und der soundsovielte Gesprächsversuch, der in Missverständnissen endet. All dies und mehr kann Anlass sein, diese Frage auf die Tagesordnung zu setzen.

Egal, ob es ein bestimmter Anlass ist oder viele kleine Anlässe, in jedem Fall ist das Resultat dasselbe: Die kritische Masse ist erreicht. Aussagen wie »so nicht!«, »jetzt reicht es mir endgültig!«, »ich habe die Nase voll!«, »ich empfinde nichts mehr für dich!« markieren die Wende. Der Wunsch nach Veränderung kann allerdings heute in ganz verschiedene Richtungen gehen. Daher müssen Sie entscheiden, in welche Richtung Sie sich verändern wollen. Und das ist nicht immer von vornherein klar. Außerdem besteht Ihre Beziehung aus zwei Personen, und diese andere Person hat auch noch ein Wörtchen mitzureden. So

▸ Um welche Veränderung geht es Ihnen?

könnten Sie beide zwar der Meinung sein, dass sie so nicht weitermachen wollen, Sie wollen aber um die Beziehung kämpfen, ihre bessere Hälfte ist sich unschlüssig. Oder jeder von Ihnen ist hin und her gerissen zwischen kämpfen und aufgeben.

Auch wenn Ihnen der Gedanke an eine Trennung von Ihrem Partner unangenehm ist, Ihnen Angst macht oder Ihren persönlichen Wertvorstellungen zuwiderläuft, nehmen Sie ihn ernst und verdrängen Sie ihn nicht. Es nützt weder Ihnen noch Ihrem Partner, wenn Sie einfach darüber hinweggehen. Wenn notwendige kleine Trennungen vermieden werden, wächst die Sehnsucht nach der großen Trennung. In einer kleinen Trennung wird nicht vom Partner, sondern von etwas Abschied genommen. Versuchen Sie also herauszufinden, was hinter Ihrem Wunsch nach Trennung steckt, von wem oder was Sie sich trennen wollen. Die Antwort darauf kann in verschiedene Richtungen weisen und verschiedene Bereiche Ihrer Beziehung umfassen. Dazu einige Beispiele:

➜ Trennung von meinem jetzigen Partner
➜ Trennung von bestimmten Erwartungen
➜ Trennung von bestimmten Verhaltensweisen und Mustern
➜ Trennung von Verletzungen
➜ Trennung von einem zu engen Verhältnis zu den Eltern
➜ Trennung von schlechten Gewohnheiten
➜ Trennung von meiner Idealvorstellung vom Partner
➜ Trennung von zu viel Sicherheit
➜ Trennung von einer bestimmten Phase der Beziehung
➜ Trennung von einer bestimmten Form der Beziehung
➜ Trennung von bestimmten Ansichten oder Haltungen
➜ Trennung von einer bestimmten Rolle
➜ Trennung von Altlasten
➜ Trennung von Routine
➜ Trennung von Lieblosigkeit

Diese Liste ist nicht vollständig. Spricht Sie das eine oder andere Motiv an? Worum geht es Ihnen? Was sind Ihre Beweggründe oder Motive? Was sagen Ihnen diese über die Richtung, in der

Sie vorwärtsgehen wollen? Folgende Übung kann Ihnen dabei helfen.

Übung:
Um welche Veränderung geht es?

Erklären Sie einer fremden Person in ein, zwei Sätzen, um welche Veränderung es bei Ihnen geht.

....

....

Stellen Sie sich vor, Sie schreiben einen autobiografischen Roman über Ihre Partnerschaft. Darin widmen Sie der jetzt anstehenden Veränderung ein eigenes Kapitel. Wie lautet die Überschrift zu diesem Kapitel?

....

....

Formulieren Sie die anstehende Veränderung, indem Sie strikt bei sich bleiben. Die Formulierung beginnt mit dem Wort »Ich«.

....

....

Was müssen Sie nicht mehr tun, wenn Sie sich jetzt trennen?

....

Was dürfen oder können Sie tun, sobald Sie getrennt sind? Seien Sie konkret.

....

Wie würden Sie die Person nennen, die das tut?

....

Was würden Sie sich als diese Person Ihrem Partner gegenüber verhalten?

....

....

Nach S. Tobler u. M. Mary

▸ Um welche Veränderung geht es Ihnen?

Um sich von einigen Gewohnheiten oder festgefahrenen Mustern in einer Partnerschaft zu trennen, brauchen Sie sich nicht von Ihrem Partner zu trennen; zumindest nicht, bevor Sie nicht versucht haben, diese Dinge zu ändern. Wenn Sie gerne mehr Aufregung in Ihrer Beziehung hätten, könnten Sie mit Ihrem Partner darüber reden, ob Sie Möglichkeiten sehen, aus der Routine des Alltags auszubrechen und für mehr Aufregung zu sorgen. Anregungen dazu finden Sie in Kapitel 3. Vielleicht langweilt er sich genau so wie Sie, und das Problem besteht darin, dass Sie einfach noch nie darüber in Ruhe miteinander gesprochen haben. Was dabei herauskommt, könnte doch recht spannend sein.

Wenn Sie zwei kleine Kinder haben und Sie und Ihr Mann berufstätig sind, stellen Sie vielleicht fest, dass das romantische Liebesideal und das entsprechende Beziehungsmodell nicht zu Ihrer jetzigen Lebensphase passen. Ihr Wunsch nach Trennung könnte also heißen, dass für Ihre jetzige Situation ein familienorientierteres Paarmodell mit weniger Ansprüchen an die Beziehung viel besser passen würde und nicht, dass Sie Ihren Partner verlassen möchten. Nicht jedes Beziehungsmodell passt für jede Phase Ihrer Partnerschaft gleich gut.

Wenn jeder Trennungsimpuls und jedes Trennungsmotiv darauf hinauslaufen, sich vom Partner zu trennen, bedeutet dies nicht nur eine Reduzierung von Veränderungsmöglichkeiten, sondern auch eine einseitige Leseart dessen, was einem eine Krise in der Partnerschaft sagen will. Nur wenn Sie Ihre tatsächlichen Motive kennen und möglichst auch die Ihres Partners oder Ihrer Partnerin, werden Sie in der Lage sein, die richtigen Schlüsse zu ziehen und eine klare Richtung einzuschlagen. Einfach den Partner zu wechseln ist die simpelste und schlechteste aller Entscheidungen, denn nur wenige Partner haben es verdient, dass man sie in die Wüste schickt. Worum geht es Ihnen also: um konkrete Veränderungswünsche zur Verbesserung Ihrer Partnerschaft, um einen anderen Partner oder um ein anderes Modell? Oder darum, Ihre Beziehung zu beenden? Versuchen Sie zunächst einmal eine grobe Richtung festzulegen. Im jetzigen Stadium des Entscheidungsprozesses brauchen Sie noch keine Entscheidung zu treffen. Hauptsache, Sie sitzen nicht fest, sondern bewegen sich vorwärts. Wenn Sie wissen, worum es Ihnen geht, brauchen Sie auch nicht sprachlos auseinanderzugehen oder Ihren Partner belügen. Wesentlich sinnvoller ist es, Ihrem Partner klarzumachen, wovon man sich trennen möchte, wenn man gehen will oder tatsächlich geht.

Gehen ist schmerzhaft, bleiben auch

Wer mit der Frage konfrontiert ist, ob er um ihre Beziehung kämpfen oder aufgeben soll, hat erfahrungsgemäß oft einen einseitigen Blick: Er denkt in erster Linie an die mit einer Trennung verknüpften schmerzhaften Gefühle. Nicht umsonst sprechen wir vom Trennungsschmerz und betrachten ihn als den »kleinen Tod«. Wir weinen der vergangenen Liebe hinterher, dem verlorenen Glück, der Sehnsucht nach vergangenen Zeiten und schönen Erinnerungen, dem Zerreißen der Bindung an den Partner und an die Beziehung. Eine Trennung tut richtig weh. Auf diversen Stressskalen nimmt sie bei einer Maximalpunktzahl von 100 Punkten mit 73 Punkten die zweite Stelle hinter dem Tod eines Angehörigen ein. Eine Kündigung bringt es auf 47 Punkte. Das sind keine veralteten Zahlen. Auch wenn sich die Einstellung zur Trennung geändert hat und das moralische Versagen keine so große Rolle mehr spielt, ist sie für den Einzelnen in aller Regel immer noch ein schmerzhafter Schritt, der wehtut, und das ist auch gut so. Der Schmerz schützt uns davor, eine Trennung auf die leichte Schulter zu nehmen.

Der Schmerz der Trennung kann viele Ursachen und Gründe haben: »Jetzt habe ich so lange durchgehalten und so viel investiert – das kann doch nicht alles umsonst gewesen sein?« Wenn man nur lange genug in die falsche Richtung gefahren ist, dann scheint das Umkehren schlimmer zu sein als das Weiterfahren. Auch der Verlust von Hoffnungen und Visionen kann wehtun.

▶ Um welche Veränderung geht es Ihnen?

Und das Gefühl zu scheitern ist auch nicht gerade aufbauend. Neben den eigenen schmerzhaften Gefühlen spielen auch die Gefühle der anderen eine wichtige Rolle. Der Wunsch, andere mit seiner Entscheidung nicht zu verletzen, ist einer der humansten Gründe, warum man bleibt. Es kann aber auch einer der falschesten sein. Um anderen nicht wehzutun, schadet man sich lieber selber.

Nachfolgend finden Sie einige Fragen, mit deren Beantwortung Sie herausfinden können, ob Sie anderen wehtun, und wenn, wieviel Schmerz Sie mit Ihrer Entscheidung anderen zufügen, wenn Sie Ihre Beziehung beenden.

Überlegen Sie bei jeder Aussage, inwieweit Sie auf Ihre Situation zutrifft. Kreuzen Sie den entsprechenden Kasten an.

Das trifft zu … ❑ völlig ❑ teils, teils ❑ kaum

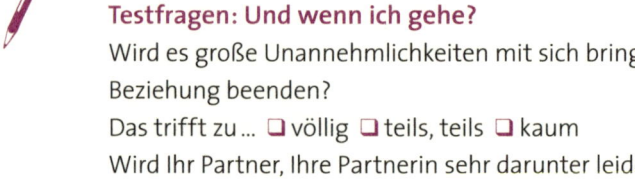

Testfragen: Und wenn ich gehe?

Wird es große Unannehmlichkeiten mit sich bringen, wenn Sie Ihre Beziehung beenden?
Das trifft zu … ❑ völlig ❑ teils, teils ❑ kaum
Wird Ihr Partner, Ihre Partnerin sehr darunter leiden, wenn Sie gehen?
Das trifft zu … ❑ völlig ❑ teils, teils ❑ kaum

Ist es möglich, dass Sie die Beziehung beenden möchten, weil Sie Ihrem Partner wehtun möchten?
Das trifft zu … ❑ völlig ❑ teils, teils ❑ kaum

Werden Ihre Kinder sehr unter einer Trennung leiden?
Das trifft zu … ❑ völlig ❑ teils, teils ❑ kaum

Wird Ihre Entscheidung, Ihren Partner zu verlassen, gravierende finanzielle Einbuße für ihn bedeuten?
Das trifft zu … ❑ völlig ❑ teils, teils ❑ kaum

Wird Ihre Entscheidung zu gehen mögliche Zukunftspläne Ihres Partners durchkreuzen?
Das trifft zu ... ❏ völlig ❏ teils, teils ❏ kaum

Wird ein Ende der Beziehung Ihrer Herkunftsfamilie erheblichen Schaden zufügen?
Das trifft zu ... ❏ völlig ❏ teils, teils ❏ kaum

Wird ein Ende der Beziehung der Herkunftsfamilie Ihres Partners erheblichen Schaden zufügen?
Das trifft zu ... ❏ völlig ❏ teils, teils ❏ kaum

Je weniger der Aussagen Sie mit »trifft völlig zu« beantwortet haben, desto geringer ist das Schadenspotenzial. Bei vielen Ja-Antworten sollten Sie in jedem Fall Ihre Einschätzung durch Gespräche mit Ihrem Partner und den anderen Beteiligten überprüfen. Vielleicht machen Sie sich mehr Sorgen als nötig. Möglicherweise stellen Sie dabei fest, dass es den Ihnen nahestehenden Menschen wichtiger ist, Sie glücklich zu sehen, und dass sie bereit sind, Ihnen dabei zu helfen. Andererseits lässt sich nicht ausschließen, dass Sie mit Ihrer Entscheidung wichtigen Menschen sehr wehtun.

Aber auch um die Fortsetzung der Beziehung zu kämpfen ist kein schmerzfreies Unterfangen, und niemand kann Ihnen eine Garantie geben, dass Sie damit Erfolg haben. Die nachfolgenden Fragen helfen Ihnen, in diesem Punkt mehr Klarheit zu bekommen. Das trifft zu ... ❏ völlig ❏ teils, teils ❏ kaum

Testfragen: Und wenn ich bleibe?

Gibt es Verhaltensweisen, die Sie verändern müssten, damit Ihr Partner besser mit Ihnen klarkommt?
Das trifft zu ... ❏ völlig ❏ teils, teils ❏ kaum

Gibt es Einstellungen und Verhaltensweisen bei Ihrem Partner, gegenüber denen Sie toleranter sein müssten?
Das trifft zu ... ❏ völlig ❏ teils, teils ❏ kaum

▸ Um welche Veränderung geht es Ihnen?

Müssten Sie sich von der einen oder anderen Erwartung an Ihren Partner lösen?
Das trifft zu ... ❏ völlig ❏ teils, teils ❏ kaum

Würden Sie Kritik von Ihnen nahestehenden Menschen einstecken müssen, wenn Sie bleiben?
Das trifft zu ... ❏ völlig ❏ teils, teils ❏ kaum

Hätten Sie das Gefühl, Sie versäumen eine Menge, wenn Sie bei Ihrem Partner bleiben?
Das trifft zu ... ❏ völlig ❏ teils, teils ❏ kaum

Müssten Sie Ihrem Partner einige Dinge verzeihen, um bei ihm bleiben zu können?
Das trifft zu ... ❏ völlig ❏ teils, teils ❏ kaum

Je mehr Aussagen auf Sie zutreffen, desto »schmerzhafter« ist auch das Bleiben. Schmerzhaft insofern, als Sie einiges bei sich und in Ihrer Beziehung verändern müssen, wovor Sie sich bisher möglicherweise gescheut haben.

Wer also in einer unbefriedigenden und unglücklichen Partnerschaft ausharrt, weil er denkt, dass er damit schmerzhaften Gefühlen aus dem Weg geht und sich auf der »schmerzfreien Seite« befindet, sitzt einer großen Illusion auf. Wie Sie sich auch entscheiden werden, jede Entscheidung tut auch weh: Ihnen selbst, aber auch anderen.

Stärke bedeutet nur zu einem Teil durchhalten, dranbleiben, sich nicht unterkriegen lassen. Stärke bedeutet auch: loslassen, aufgeben, scheitern. Herausforderungen und Niederlagen können jedoch Wachstum und Gewinn bedeuten: Es kommt zum Erwerb neuer Fähigkeiten und Einstellungen und zu einem Zuwachs an Selbstvertrauen. Um den Gewinn im Verlust zu erkennen, braucht es manchmal einen längeren zeitlichen Abstand.

Vermutlich sind auch Sie in Ihrem bisherigen Leben schon das eine oder andere Mal mit »Erfolg« gescheitert. Es ist gut, wenn

Sie sich in Ihrer jetzigen Situation an diese Erfahrung erinnern und mit dem Abstand von heute sich fragen: Welche Selbsterkenntnis wurde durch mein damaliges Scheitern gefördert: Die Fragen nach falschen Zielen, ungeeigneten Strategien und nach den eigenen Grenzen sind, wenn wir uns ihnen stellen, äußerst lehrreich. Was haben Sie über sich herausgefunden? Welche »Lektion« haben Sie gelernt? Wofür war Ihr Scheitern auch gut?

Möglicherweise empfinden Sie – wie andere Paare auch – die folgenden Tipps der psychologischen Scheiternsforschung hilfreich, die im Übrigen der Meinung ist, dass man Scheitern lernen kann.

1. Sich das Scheitern eingestehen

Man muss sich das Scheitern mit aller Klarheit eingestehen und erkennen, dass eine weitere Verfolgung des Ziels chancenlos und kräfteraubend ist. Wer an einer längst gescheiterten Beziehung festhält, bringt sich um die Chance, auf eine gute Weise vorwärtsgehen zu können. Wer sich einredet, dass sein Partner aufhören wird, bei jedem Konflikt davonzulaufen, obwohl dieser dieses Verhalten seit Jahr und Tag praktiziert, der hält an positiven Illusionen fest, die in einem solchen Fall das Elend nur hinauszögern. Wer denkt, seine Ehe sei gut, obwohl der Partner immer weniger Interesse und Einsatz zeigt, verpasst die Chance zu gehen. Wer mit seinen Erwartungen immer wieder Schiffbruch erleidet, sollte aufhören, an diesen festzuhalten.

2. Die Beziehung lösen

Um das eigene Scheitern bewältigen zu können, muss man die Bindung an die gescheiterte Beziehung lösen und zugleich nach einer Alternative suchen. Wenn Sie also nur Ihre Anstrengungen herunterfahren, an Ihrer gescheiterten Beziehung aber emotional festhalten, treten Sie auf der Stelle und finden keine neuen Ziele. Indem das nicht erreichbare Ziel, die Beziehung zu retten oder einfach so weiterzumachen wie bisher, aufgegeben wird, entstehen neue Ziele.

▸ Um welche Veränderung geht es Ihnen?

3. Sich neu definieren

Eine weitere Voraussetzung ist die Fähigkeit, im Fall eines Scheiterns sich selbst neu zu definieren. »Ich kann auch ein anderer oder eine andere sein«, sagen sich Menschen, die im Scheitern für sich die Chance erkennen, bislang verschlossene Türen zu öffnen, Neues zu erproben und die beengende Routine und Ordnung hinter sich zu lassen. In der Erkenntnis, ich kann auch anders, entwickeln sich motivierende Perspektiven und Horizonte. Es ist nie zu spät, so zu sein, wie man es gerne gewesen wäre.

Die angesprochenen Punkte möchte ich noch um zwei weitere ergänzen. Wer auf Veränderungen aktiv und nicht nur defensiv reagieren will, darf aus dem Scheitern kein Tabuthema machen. Mit fliegenden Fahnen unterzugehen – das verschafft immerhin den Trost: Man hat es versucht. Und das ist allemal besser als, im grauen Mittelmaß der Beziehung mitzulaufen und jeden Morgen neben einem lieblosen Partner aufzuwachen. Die andere ist zu erkennen, dass Scheitern nicht automatisch auch Trennung bedeutet. Der Nutzen des Scheiterns könnte nämlich darin liegen, dass das Richtige deutlicher wird – mit oder ohne Ihren jetzigen Partner, Ihre Partnerin. Wunden lecken, weitermachen, mutig scheitern, durchstarten – das sind wichtige Tugenden für das Projekt Neuanfang statt Stillstand. Zu wissen, dass der eigentlichen Entscheidung fast immer eine kürzere oder längere Phase der Ambivalenz vorausgeht, hilft einem, diese besser einordnen zu können.

In der Beziehungsambivalenz gefangen

Wie einfach wäre alles, wenn zwei Partner zur gleichen Zeit voneinander die Nase voll hätten! Oder wie schön wäre es, wenn beide gleichzeitig zu dem Schluss kommen, dass sie alles tun wollen, um ihre Beziehung zu retten! Solche Situationen gibt es zwar auch, aber nur selten.

Ambivalenz kann man sich vorstellen wie zwei Quellen oder Flüsse: Treffen sie zusammen, kommen die berühmten gemischten Gefühle heraus.

Die wichtigsten Merkmale der Ambivalenz sind:

→ Rumination –
Mit den Gedanken fast zwanghaft um ein Thema kreisen

→ Blockierung –
Durch die Gleichzeitigkeit und Gleichwertigkeit unterschiedlicher Impulse entsteht das Gefühl, in einer Zwickmühle zu sitzen

→ Selbstvorwürfe –
Man wirft sich vor, dass man noch keine Entscheidung getroffen hat, und gibt sich selbst die Schuld dafür; sie richten sich an einen selbst, den Partner oder andere Personen

→ Fehlervermeidung –
Lieber keine Entscheidung treffen als eine falsche.
Dies führt zu einem defensiven Entscheidungsverhalten

→ Tunnelblick –
Fixierung auf eine »Entweder-oder«-Entscheidung.
Damit einher geht der Verlust von Kreativität

→ Spannungsanstieg –
Zunahme von physiologischem und psychischem Stress

→ Problematische Gefühlsberuhigung –
Der inneren Aufruhr wird einzudämmen versucht durch Rauchen, Alkohol- oder Medikamentenkonsum, exzessives Essen und Fernsehen.

Ambivalenz über einen längeren Zeitraum hinweg macht krank. Das Vorsichherschieben notwendiger Entscheidungen kann so belastend sein, dass sich daraus gesundheitliche Probleme, insbesondere typische Stresssymptome wie Schlafstörungen, Angstattacken, Appetitmangel, Kompensation durch übermäßiges Essen oder Arbeiten, ergeben. Länger anhaltende Unentschiedenheit kann also großen Schaden anrichten. In einer Partnerschaft festzusitzen, wenn man gehen sollte, kann einen krank machen. Ständige Gedanken an Trennung und das Drohen damit können eine Beziehung ruinieren, obwohl sie noch zu retten wäre. Wenn man für den Partner nur noch ambivalente Gefühle empfindet, distanziert man sich von ihm. Man verbringt weniger Zeit mit ihm, man redet weniger mit ihm oder nur über unwichtige Dinge. Die Beziehung erstarrt in Routine. So entfaltet die Ambivalenz ihre eigene Gesetzmäßigkeit. Unschlüssigkeit schafft Distanz, und Distanz macht alles nur noch schlimmer: Das klärende Gespräch findet nicht statt. Ambivalenz kann so zu einer beherrschenden Macht werden. Das sind die negativen Folgen.

Ambivalenz ist aber nicht nur schlecht, sie hat auch eine positive Seite. Sie schützt uns vor übereilten Entscheidungen, die rein aus dem Affekt heraus getroffen werden und die man dann am anderen Morgen bereut. Die gemischten Gefühle, die wir als so schwierig erleben, zeigen uns zudem, was uns wirklich wichtig ist. Und das hilft uns, kreative Lösungen zu finden und den engen Rahmen einer Entweder-oder-Entscheidung eine Zeit lang außer Kraft zu setzen. Der weitere Vorteil: Wer ambivalent ist, bringt sich selbst aus der Schusslinie! Man würde sich ja gerne entscheiden, aber man kann nicht! Spielen Sie diese Überlegung doch einmal in Gedanken durch. Sie schieben Ihre Entscheidung weiter vor sich her. Was ist dann? Wie geht es weiter? Morgen, in einer Woche, in einem Monat, in 12 Monaten? Wie wird Ihr Partner darauf reagieren, dass Sie sich nicht zu einer Entscheidung durchringen können? Wird er dagegen Sturm laufen und um Sie kämpfen? Wird er Sie immer wieder nach Ihrer Entscheidung fragen, von sich aus jedoch nichts unternehmen? Wird er gehen oder sich mit der Situation arrangieren und seine Vorteile daraus ziehen? Möglicherweise tun Sie ihm sogar einen Gefallen damit! Vielleicht stellen Sie bei diesem Gedankenspiel fest, dass ambivalent bleiben genau die von Ihnen gewollte Lösung sein könnte.

Es gibt noch andere Strategien, um dem belastenden Zustand des Nichtentscheidens ein Ende zu bereiten, ohne selbst eine Entscheidung zu treffen. So kann man darauf hoffen, dass einem der Partner irgendetwas tut oder sagt, was einem einen Vorwand gibt zu gehen, ohne dass man die Verantwortung dafür übernehmen muss. Manche Partner betreiben eine Art von

»Flucht nach vorn«: Sie verhalten sich ihrem Partner gegenüber derart provozierend und destruktiv, dass dieser sich schließlich nicht anders zu helfen weiß, als Schluss zu machen. Es wird also versucht, den Partner zum Gehen zu bewegen, ohne offen darüber zu reden. Der Preis ist dann oft, dass dieser den letzten Respekt vor einem verliert. Ebenfalls in diese Kategorie fallen überstürzte Entscheidungen. Man folgt im Wesentlichen einem Fluchtimpuls. Hauptsache eine Entscheidung. Die ganzen Zweifel, vor denen man davonläuft, holen einen hinterher wieder ein.

Nicht selten verlässt ein Partner eine Beziehung nur, um bleiben zu können. Weil er nicht mehr weiß, wie er den anderen noch erreichen kann, greift er unbewusst zu diesem heftigen Schritt. Er will nicht wirklich weg. Er will entweder merken, wie wichtig ihm die Beziehung noch ist, oder den Partner aufrütteln und spüren, dass dieser ihn noch will und um die Beziehung kämpft und sich nicht einfach der Trennung beugt. Schließlich gibt es auch die Möglichkeit, sich nicht zu entscheiden. Sich nicht zu entscheiden ist auch eine Entscheidung. Sie ist eine Entscheidung abzuwarten oder auszuharren. Wer jedoch einfach nur abwartet, findet nicht heraus, was für ihn am besten ist.

In Wirklichkeit geht es um mehr als um eine Entscheidung zwischen gehen oder bleiben. Es geht um die Eröffnung eines neuen Lebensabschnitts, in der zwei »andere« getrennt oder gemeinsam weitergehen. Unabhängig davon, wie Ihre Entscheidung ausfällt – ein Zurück gibt es nicht mehr. Bei einer Trennung leuchtet einem das sofort ein. Doch auch wenn Sie sich dafür entscheiden, Ihre Beziehung fortzusetzen, können Sie und Ihr Partner nicht einfach so weitermachen wie bisher. Auch dann nicht, wenn man das gerne so hätte. Einfach weitermachen wie bisher würde bedeuten, die Krise Ihrer Beziehung zu verleugnen oder als leichten Betriebsunfall hinzustellen.

Für den Fall, dass Sie Ihre jetzige Beziehung fortführen möchten, treffen Sie eine Ja-Entscheidung. Ja-Entscheidungen folgen jedoch einer anderen Logik als die Entscheidung gegen etwas, die sogenannte Nein-Entscheidung (Clement, 2000). Entschei-

▸ Um welche Veränderung geht es Ihnen?

det sich nur einer der Partner gegen die Beziehung, setzt sich das Nein durch. Wer Ja sagt braucht ein zweites Ja. Die Entscheidung, mich von meinem Partner zu trennen, kann ich also allein treffen. Die Entscheidung, die Beziehung fortzusetzen, dazu braucht es Ihr Ja und das Ihres Partners.

In einer unglücklichen Beziehung ausharren

Obwohl heute der Trend viel mehr dahin geht, sich zu trennen, gibt es nach wie vor eine ganze Reihe von Paaren, die oft Jahre in einer unbefriedigenden Beziehung ausharren. Wir sind erstaunlich kreativ, wenn es darum geht, sich »vernünftige« Gründe, Entschuldigungen, Beschwichtigungen und Ausreden auszudenken, um in einer unglücklichen Beziehung zu bleiben. Vielleicht erkennen Sie sich in einem der folgenden Gründe wieder:

- Aus Gewohnheit ausharren
- Trennungsängste
- Mangel an Gefühlsgewissheit
- Offene Rechnungen
- Schönfärberei
- Den Schein aufrechterhalten
- Einseitige Loyalität
- Die Zeit heilt alle Wunden

Fühlen Sie sich von einem oder mehreren dieser Gründe angesprochen? Wenn dem so ist, wissen Sie, was Sie blockiert. Der nächste Schritt wäre dann, diese Blockade anzugehen. Wie Sie dies tun können, erfahren Sie im nächsten Kapitel.

3. Kapitel
Wie Sie eine gute Entscheidung treffen können

Warum uns Entscheidungen oftmals nicht leichtfallen

»Wenn du denkst, du denkst, dann denkst du nur, du denkst…« heißt es in einem Schlager. Warum tun wir uns mit Entscheidungen oftmals schwer, treten auf der Stelle, treffen lieber keine Entscheidung oder entscheiden uns, nur damit entschieden ist? Liegt es an der Tragweite der Entscheidung? Zu einem Teil ja. Kommt dann noch die Ungewissheit dazu, welche Entscheidung die richtige ist, fällt uns die Entscheidung noch schwerer. Die Entscheidung zu gehen oder zu bleiben ist genau so eine. Ihr Ausgang ist offen und sie kann nur persönlich getroffen werden. Kein Test nimmt einem die Entscheidung ab – auch kein Therapeut.

Nach Auffassung von Entscheidungsforschern wie der Psychologin Maja Storch ist der hauptsächliche Grund aber ein anderer. Die meisten Menschen haben eine falsche Vorstellung davon, wie sie das Leben gestalten. Sie glauben, dass es richtige Entscheidungen gibt, und die muss man nur finden. So einfach funktioniert es aber nicht. Wir können keine Vorhersagen treffen: Ob eine Entscheidung falsch ist oder nicht, können wir erst im Nachhinein sagen. Sie empfiehlt daher, nicht von falschen oder richtigen Entscheidungen zu sprechen, sondern lieber von klugen Entscheidungen. Erschwerend kommt oft hinzu, dass wir dazu neigen, Entscheidungen im Entweder-oder-Modus zu denken. Bei der Alternative Gehen oder Bleiben ist dies genau der Fall – jedenfalls auf den ersten Blick. Tatsächlich gibt es fast immer mehr als eine Alternative – auch im Fall einer Trennungskrise. Wenn Sie mit Ihren Trennungsabsichten kreativ eigene Wege gehen wollen, ist dieser Entscheidungsmodus der falsche. Der Modus heißt: Sowohl-als-auch. Zwar gibt es das Sowohl-als-auch zu Anfang des Entscheidungsprozesses oft nicht, und ganz am Ende des Entscheidungsprozesses natürlich auch nicht; man kann nicht ein bisschen bleiben oder sich nur halb trennen.

Es gibt aber Nuancen dazwischen, und daraus ergeben sich zusätzliche Entscheidungsmöglichkeiten, auf die ich noch eingehen werde.

Eine weitere Blockade ist, Fehler vermeiden zu wollen. Wenn Sie diese Haltung haben, gehen Sie zwangsläufig defensiv und nicht produktiv vor. Aus lauter Angst, eine falsche Entscheidung zu treffen, treffen Sie gar keine oder eine, die Ihnen lediglich kurzfristig weiterhilft. Ebenfalls blockierend ist die Vorstellung, eine vor allem rationale Entscheidung treffen zu wollen. Weisheiten wie »erst wägen, dann wagen« oder »erst denken, dann handeln« und »gehen Sie überlegt, besonnen und analytisch vor« sind Beispiele hierfür. Dies ist meist nicht nur unmöglich, sondern es ist auch wenig sinnvoll, danach zu streben und all seinen Ehrgeiz darauf zu verwenden. Dabei schrieb der französische Mathematiker Blaise Pascal bereits im 17. Jahrhundert: »Das Herz hat seine Gründe, die der Verstand nicht kennt.«

Die wichtigsten Schritte zu einer guten Entscheidung

»Wer wagt gewinnt«:

Entscheidungen brauchen Entschlossenheit und Mut, vorwärtszugehen.

Jeder Entscheidungsprozess beginnt damit, ein Problem, eine Krise oder ein Dilemma als Frage zu formulieren.

Vermutlich ist Ihre Frage, ob Sie sich von Ihrem Partner trennen sollen oder nicht. Ihre Frage könnte aber auch lauten: Was versäume ich, wenn ich meine Beziehung fortsetze?

Oder: Wird es mir nicht leid tun, wenn ich sie beende? Eine klar definierte Frage ist, nach meiner Erfahrung eine große Hilfe, denn sehr viele Probleme – und dazu gehört das Thema Trennung allemal – sind mit derart vielen Neben- und Unterproblemen verknüpft, dass man schnell den Überblick verlieren kann und sprichwörtlich vor lauter Bäumen den Wald nicht mehr sieht.

Der nächste Schritt besteht darin, für Ihre Entscheidungssituation ein übergeordnetes Ziel zu formulieren: »Was soll Gutes dabei herauskommen?« Mich frei fühlen, Ballast ablegen, ganz neu anfangen, eine bessere Beziehung, ein erfüllteres Leben, ein Leben nach meinen Vorstellungen? Verwenden Sie hierfür Ihre Erkenntnisse aus dem Kapitel »Die Botschaft unserer Beziehungskrise entschlüsseln«.

Der weitere Schritt bzw. das nächste Stadium ist das Zusammentragen von Fakten. Hierfür können Sie alle Informationen Ihrer Bestandsaufnahme aus Kapitel 1 verwenden und auch diejenigen, die Sie in den nächsten Kapiteln mithilfe verschiedener Methoden noch zusammentragen werden. Zu diesem Stadium gehört auch, sich mit den kurz-, mittel- und langfristigen Folgen Ihrer Entscheidung auseinanderzusetzen. So entscheiden Sie sich nicht einfach für das, was im Moment am einfachsten klingt oder am wenigsten wehtut, sondern für die Alternative , die Sie mit oder ohne Ihren Partner einem erfüllten Leben wieder näherbringt. Irgendwann allerdings müssen Sie das Zusammentragen von Fakten abbrechen.

Der letzte Schritt ist die Analyse und Bewertung. Für dieses Stadium brauchen Sie alle Informationen, die sie zusammengetragen haben, um diese mit Ihren Bauchgefühlen und Ihren innersten Werten zu vergleichen. Dies zwingt zu der Frage aller Fragen: »Wenn ich jetzt alles über meine Wahlmöglichkeiten und deren Folgen weiß, welche Entscheidung trägt dann wohl am besten dazu bei, dass ich mir wieder ein besseres Leben schaffe – ein Leben nach meinen Überzeugungen , Werten und Bedürfnissen? Wenn Ihre Intuition und Ihr Verstand grünes Licht geben, dann können Sie eine Entscheidung treffen, die gut genug ist, um mit ihr leben zu können.

Die weiteren Schritte bestehen darin, den Mut aufzubringen, zu entscheiden und der Entscheidung gemäß zu handeln und das Vertrauen zu haben, dort anzukommen, wo Sie hinmöchten.

Mögliche Wegen erkunden, die Folgen einer Entscheidung prüfen, sich für einen Wege entscheiden, losgehen, Abschied

nehmen, Hindernisse bewältigen, dranbleiben, Fortschritte sehen und Ankommen, das sind die Stationen jedes Veränderungs-
prozesses (S.Tobler).

Info
Die wichtigsten Schritte auf einen Blick

→ Beginnen Sie mit einer klar definierten Frage
→ Formulieren Sie ein übergeordnetes Ziel
→ Tragen Sie wichtige Fakten zusammen
→ Machen Sie einen Abgleich der Folgen Ihrer Entscheidung zu
  verschiedenen Zeitpunkten
→ Beenden Sie das Zusammentragen von Informationen
→ Analysieren und bewerten Sie die Fakten in Übereinstim-
  mung mit Ihren Bauchgefühlen und Werten.

Wie Verstand und Intuition funktionieren

Entscheiden werden Sie sich erst können, wenn Sie eine Bewertung vorgenommen haben. Im Anschluss an die Bewertung treffen Sie dann die Wahl, welche am besten mit Ihren eigenen Vorstellungen von einem guten Leben vereinbar ist. Die Bewertung
kann auf zwei verschiedene Arten getroffen werden: zum einen
mit dem Verstand, zum anderen mithilfe der Intuition. Möglichkeiten, den Verstand für sich arbeiten zu lassen, sind Für- und
Widerlisten, Mindmaps und Fakten sammeln. Diese Methoden
finden Sie in den nächsten beiden Kapiteln. Der Verstand dient
dazu, sich zum Experten zu machen – in Ihrem Fall zum Liebes-
und Beziehungsexperten. Die Intuition hilft Ihnen dann, die für
Sie beste Entscheidung zu treffen. Hierfür müssen Sie auf Ihre
Körpersignale und Ihre Bauchgefühle achten und diese nicht als
reine Gefühle abtun. Auch dazu gleich mehr.

Die Psychologie hat lange einen Gegensatz zwischen Gefühlen
und Gründen konstruiert. Dabei haben auch Bauchgefühle ihren
Ursprung in Gründen, die uns aber in der Regel nicht bewusst
sind. Wirklich gute Entscheidungen basieren auf einer ausge-
wogenen Mischung von zielgerichtetem Denken und Intuition.

Dazu sind sie noch so schlank wie möglich. Ein erfolgreicher »Entscheider« muss filtern. Wenn Sie zu viele Informationen sammeln, erhöhen Sie zwar subjektiv das Gefühl von Sicherheit, ertrinken aber darin. Die Zahl der Informationen steht in keinerlei Zusammenhang mit der Richtigkeit einer Entscheidung. Aus diesem Grund helfen noch so gut gemeinte Fragelisten mit möglichst vielen Fragen nicht weiter – sie verwirren nur.

Wissenschaftler wie der Max-Planck-Forscher Gerd Gigerenzer haben nachweisen können, dass gute Entscheidungen oft auf unserer unbewussten Intelligenz beruhen und nicht einfach ein »Gefühl« sind. Gefühle sind Teil unserer Intelligenz. Zu welchen Entschlüssen unser Gehirn gelangt, spüren wir zwar auch im Bauch, aber die Entscheidungen fallen nun mal im Kopf.

Jeder von uns hat schon mal in dunkler Vorahnung die Erfahrung eines »flauen Magens« gemacht oder »Schmetterlinge im Bauch« gefühlt. Und jeder von uns kennt Entscheidungen, die er intuitiv aus dem Bauch heraus getroffen hat – und das waren bei Weitem nicht die schlechtesten. Vielleicht mögen Sie sich gerade jetzt an eine solche von Ihnen getroffene Entscheidung erinnern und dieser Erinnerung einige Momente nachspüren? Worum ging es dabei? Vor welcher Frage standen Sie? Welche angenehmen oder unangenehmen Körpersignale haben Sie an sich wahrgenommen? Und als Sie Ihre Entscheidung getroffen hatten, waren Ihnen die Gründe bewusst, die sie zu Ihrer Entscheidung gebracht haben? Vermutlich nicht. *Unbewusste Vorgänge spielen bei Entscheidungen eine wichtige Rolle, und hierbei wiederum das emotionale Erfahrungsgedächtnis.* In diesem wird alles gespeichert, was dem Organismus zeit seines Lebens widerfährt. Dieses Wissen wird in Form von Gefühlen und Körperempfindungen gespeichert. Maja Storch führt dazu aus (2009): »Das gelernte Wissen entsteht – vereinfacht gesagt – dadurch, dass bestimmte Verhaltensweisen belohnt beziehungsweise als angenehm erfahren und andere bestraft oder als unangenehm registriert werden. Diese Erfahrungen hinterlassen dauerhafte Spuren.« Das emotionale Erfahrungsgedächtnis verfügt also über einen großen Arbeitsspeicher. Es sagt uns sozusagen: »Hallo! Das hast du schon mal erlebt. Bitte berücksichtige diesmal die Lektionen, die du gelernt hast.« Um diesen Speicher zu nutzen, müssen wir auf unsere Gefühle und Körpersignale achten. Diese steuern unser Annäherungs- und unser Vermeidungsverhalten. Was sich angenehm anfühlt, zieht uns an, was sich unangenehm anfühlt, stößt uns ab. Man kann sich diesen Vorgang wie eine Ampel vorstellen, die den Befehl zum »Stopp« oder zum »Go« gibt. Wenn zum Beispiel die Möglichkeit »die Beziehung beenden« mit negativen Vorstellungen gekoppelt ist, entsteht eine unangenehme Empfindung. Dies bedeutet, Vermeidung ist angesagt. Über die Körpersignale entsteht eine gefühlsmäßige Vorliebe für eine bestimmte Alternative. Auf dieser können dann weitergehende Analysen aufgebaut und Lösungsmöglichkeiten entwickelt werden.

Die Beachtung von Emotionen und Körpersignalen

Emotionen und Körpersignale sind für eine gute Entscheidung unentbehrlich, und deshalb werde ich Sie bei den konkreten Entscheidungshilfen immer wieder darauf hinweisen. Zu Ihrer Orientierung habe ich die häufigsten negativen und positiven Körpersignale aufgelistet (Storch):

Negative Körpersignale

Ein Zittern in den Beinen, ein schlechtes Gefühl im Bauch, ein schwerer Stein, ein schwarzes Loch, ein Engegefühl in der Brust. Ein beklemmter Atem, ein Zusammenziehen, eine Angst. Ein Kloß im Hals, ein Druck im Nacken, ein Gefühl von Schwere. Negative Signale werden meist deutlicher wahrgenommen als positive.

Positive Körpersignale

Ein gutes Gefühl im Bauch, ein befreites Gefühl im Brustbereich, Gefühle von Energie und Tatendrang. Ein Glucksen im Bauchbereich, ein inneres Lächeln oder Schmunzeln.

Als Faustregel gilt: Mit einer Entscheidung fühlen wir uns immer dann gut, wenn die Bewertung aus dem emotionalen Erfahrungsgedächtnis und die Analysen des Verstandes zu übereinstimmenden Ergebnissen kommen.

Die moderne Gehirnforschung hat inzwischen genaue Vorstellungen davon, in welcher Abfolge das Zusammenspiel zwischen Intuition und Verstand verläuft: Bedürfnisse und Wünsche sind im emotionalen Erfahrungsgedächtnis gespeichert und werden als gut für mich oder schlecht für mich bewertet. Diese Bedürfnisse und Wünsche können von dort ins Bewusstsein gelangen. Hier werden dann Analysen und Abwägeprozesse vorgenommen. Entschieden wird durch diese Überlegungen jedoch nichts. Entschieden wird mit den Stopp- und Go-Signalen des emotionalen Erfahrungsgedächtnisses. Erst wenn aus dem Unbewussten das entscheidende Gefühl auftaucht, entsteht der Impuls zum Handeln. Dazu müssen Gefühle und Körpersignale eindeutig in eine Richtung weisen.

Es gibt noch ein paar hilfreiche Punkte, die Sie bei Ihrer Entscheidung beachten sollten:

Ihre innersten Werte
Vergleichen Sie die Fakten mit Ihren innersten Werten. Legen Sie Ihre eigenen Maßstäbe an Ihre Partnerschaft und an Ihre Entscheidung. Ziehen Sie hierfür Ihre Erkenntnisse aus der Übung »Vergleichen Sie Ihre Werte« (Kapitel 1), dem Test »Selbstachtung« (Kapitel 4) und dem Test »Was mir wichtig ist« (Kapitel 5) hinzu.

Verlusten ins Auge schauen
Jede Entscheidung für etwas ist gleichzeitig eine Entscheidung gegen andere Möglichkeiten und damit mit Verzicht und Verlust verbunden. Nur wenn Sie den Verlusten ins Auge sehen, können Sie etwas endgültig abschließen. Wenn Sie sich alle Möglichkeiten offenlassen, schließen Sie mit nichts ab. Um

▸ Wie Sie eine gute Entscheidung treffen können

Verluste und Verzichte geht es in den Abschnitten »*Was tut Ihnen leid, wenn Sie gehen?*« (Kapitel 4) und »*Was Sie verpassen könnten*« (Kapitel 5). Bedenken Sie dabei Folgendes: Alles, was Sie bislang in Ihre Partnerschaft investiert haben, sollte Ihre Entscheidung nicht beeinflussen. Denn diese Investitionen gehören der Vergangenheit an, Ihre Entscheidung aber betrifft die Zukunft. Betrachten Sie *Pro- und Kontra-Listen* als eine Möglichkeit zu analysieren, bei welcher Alternative die Vorteile die Nachteile überwiegen. Achten Sie vor allem auf die richtige Durchführung – eben weil die Methode den meisten vertraut ist (Kapitel 4 und 5). Mithilfe der *Mindmap-Methode* können Sie sich Ihre Ängste bewusst machen und diesen entgegentreten. Diese blockieren oftmals eine fällige Entscheidung (Kapitel 4 und 5).

An die Zukunft denken

Wenn Sie eine Entscheidung nur unter kurzfristigen Gesichtspunkten treffen, handeln Sie sich damit möglicherweise langfristige Probleme ein. Versuchen Sie also vorausschauend zu denken, damit Sie nicht Entscheidungen treffen, die lediglich der Vermeidung aktuell unangenehmer Gefühle dienen. Erweitern können Sie Ihren Blickwinkel *durch Fantasiereisen*, die Ihnen einen Zugang zu den inneren Bildern ermöglichen, die sich einstellen, wenn Sie die Auswirkungen Ihrer Entscheidung zu verschiedenen Zeitpunkten in der Vorstellung durchspielen. Durch einen größeren Zeitrahmen können angenehme und unangenehme Körpersignale deutlicher wahrgenommen werden (Kapitel 4 und 5).

Kompass Bauchgefühle

Achten Sie bei allen Übungen auf Ihre Emotionen und Körperempfindungen. Bauchgefühle, ohne dabei zu vergessen, dass sie Teil Ihres Verstandes sind. Insbesondere bei den Frageteilen und Tests ist es mir ein Anliegen, dass Sie sich dabei Ihrer Gefühle und Körpersignale bewusst werden Dazu finden Sie eine *Rubrik für persönliche Notizen,* mit deren Hilfe Sie Ihre Bauchgefühle aufnotieren können.

Gut genug

Treffen Sie Ihre Entscheidung anhand einiger weniger Kriterien. Vorschläge dazu finden Sie in Kapitel 6. Nach einer Redensart ist einem Menschen nicht zu trauen, der zu viele gute Entschuldigungen hat. Dies gilt auch für jemanden, der zu viele gute Gründe hat. Manchmal reicht ein guter Grund. Setzen Sie sich auch nicht unnötig unter Druck, weil Sie eine perfekte Entscheidung anstreben oder erwarten, dass Ihr Partner sie Ihnen liefert. *Es reicht völlig aus, wenn Sie eine Entscheidung treffen, mit deren Folgen Sie leben können, weil sie gut genug ist.* Sollte sich im Nachhinein herausstellen, dass man mit der getroffenen Entscheidung unglücklich ist, lässt sich damit allemal leichter leben, wenn man diese in Übereinstimmung mit seinen persönlichen Werten und Gefühlen getroffen hat. Die Aussöhnung mit einer falschen Entscheidung fällt dann leichter.

Entscheidungen müssen reifen

Je weniger Sie ohne Druck und Zwang nachdenken, sondern Gedanken und Gefühle kommen und gehen lassen, desto sicherer können Sie sein, dass Ihre Entscheidung authentisch ist. Treffen Sie gerade in puncto Partnerschaft keine überstürzte Entscheidung. Entscheidungen sollten heranreifen können und wir mit ihnen – selbst wenn es dann plötzlich ganz schnell gehen kann. Ein zeitliches Limit kann dennoch hilfreich sein.

Ihre Alternativen

Gehen oder Bleiben? Für viele Paare stellt sich ihr Entscheidungsproblem genau so dar. Das ist aber nur die halbe Wahrheit. Zu einer Trennung gibt es nicht allzu viele Alternativen. Wenn es jedoch darum geht, ob man als Paar zusammenbleiben soll, ergeben sich gleich mehrere Alternativen. Zusammen ergibt dies folgende sechs Alternativen (Vandersteegen, 2007):

1. Sie lassen alles so, wie es ist. Sie wissen dann, woran Sie sind. Man braucht sich dann nichts mehr vorzumachen – das ist das Gute daran. Alles so zu lassen, wie es ist, auch das kann eine echte Entscheidung sein, die sich vielleicht leicht anhört, aber nicht leicht ist, weil man dabei auch auf eine Menge Dinge verzichtet. Sie und Ihr Partner akzeptieren den schwierigen Zustand, in dem sich Ihre Beziehung befindet.

2. Sie bleiben zusammen und arbeiten an der Verbesserung Ihrer Partnerschaft. Sie meinen es damit ernst und holen sich vielleicht sogar die Hilfe eines Paartherapeuten. Ihr Ziel ist, eine neue Basis des Zusammenlebens zu finden – ohne irgendeine zeitliche Befristung oder andere Vorgaben.

3. Sie versuchen es noch einmal zusammen, aber nur innerhalb eines bestimmten Zeitfensters – sagen wir von zwischen sechs Monaten und maximal einem Jahr. Wer sich für diese Alternative entscheidet, arbeitet ebenfalls an der Verbesserung der Beziehung, aber nicht auf unabsehbare Zeit. Wenn sich nach Ablauf des Zeitraums nichts geändert hat, werden Sie diese Entscheidung mit mehr Klarheit treffen können und vermutlich weniger Schuldgefühle dabei haben. Wenn umgekehrt deutlich wird, dass sich Ihre Partnerschaft verbessert hat, können Sie sich entscheiden, es noch einmal miteinander zu versuchen, jetzt ohne Zeitbegrenzung.

4. Sie entscheiden sich für ein arrangiertes Zusammenleben, für das mehr oder weniger sachlichen Gründe den Ausschlag geben oder die gemeinsamen Kinder. Es ist eine Art Minimalprogramm im Sinne einer Eltern-WG oder einer Interessengemeinschaft unter einem gemeinsamen Dach. Oftmals handelt es sich dabei um eine Übergangslösung, die so lange funktioniert, solange alles so bleibt. Diese Form des Zusammenlebens ist zum Teil bereits eine Form des Getrenntlebens.

5. Die Partner trennen sich auf Probe und leben eine Zeit lang getrennt. Diese Alternative macht nur dann Sinn, wenn zumindest einer der Partner ernsthaft daran denkt, sich zu trennen. Durch die räumliche Trennung besteht die Chance

herauszufinden, ob man die Beziehung und den Partner vermisst und ob man auch allein leben kann. Bei einer Trennung auf Probe lernt man nichts Neues über das gemeinsame Zusammenleben, aber dafür einiges über sich. Es handelt sich um eine Form von verbindlichem Provisorium: Alles, was verabredet wird, gilt nur für die Probezeit und nicht für den Fall einer definitiven Trennung. Dies ist wichtig, damit nicht schon in der Probezeit endgültige Fakten geschaffen werden. Von einer Trennung auf Probe kann man nur sprechen, wenn einer der Partner nicht nur für einige Tage zu einem Freund oder Freundin oder zu seinen Eltern zieht, sondern ein längerer Zeitraum der Trennung vorgesehen ist.

6. Die definitive Trennung. Sie haben alles probiert, aber es geht nicht mehr gemeinsam weiter. An diesem Punkt angekommen, geben Sie einander die Freiheit zurück, das eigene Leben ohne den anderen neu zu gestalten.

Wie die Auflistung deutlich macht, gibt es also mehr als nur eine Alternative. Seien Sie erleichtert, denn so können Sie die für Ihre Partnerschaft beste Möglichkeit wählen. Behalten Sie diese verschiedenen Möglichkeiten im Hinterkopf, wenn es in den nächsten beiden Kapiteln darum geht, die Alternative Gehen oder Bleiben getrennt voneinander zu betrachten. Stellen Sie sich hierzu vor, Sie würden sich eine ganz bestimmte Zeit – sagen wir zwei Wochen – ausschließlich mit der Entscheidung auseinandersetzen, einen Schlussstrich unter Ihre Beziehung zu ziehen. Die Frage dazu lautet: Wird es Ihnen leidtun, wenn Sie gehen? Erst danach befassen Sie sich mit der Alternative, zusammenzubleiben.

‣ Wie Sie eine gute Entscheidung treffen können

4. Kapitel
Die Entscheidung überprüfen, die Partnerschaft beenden zu wollen

Was sagen Ihre Körpersignale zu dieser Option? Fühlen Sie sich angenehm oder unangenehm an? In welche Richtung weisen sie: Stopp oder Go? Ja oder Nein – oder noch Unentschieden. Machen Sie sich Notizen, damit Sie später einen Vergleich vornehmen können. Nutzen Sie die folgenden konkreten Entscheidungshilfen, um mehr Klarheit zu bekommen, ob Sie die Partnerschaft beenden wollen. Für diese Entscheidung braucht es nur Ihr Votum.

Sich selbst aufgeben kann keine Beziehung retten

Fühlen Sie sich durch Verhaltensweisen Ihres Partners in Ihrer Integrität und Würde verletzt? Vielleicht haben Sie eine sehr klare Vorstellung davon, was Sie auf keinen Fall akzeptieren können und wollen. Möglicherweise sind Sie sich aber unsicher und sehen sich daher nicht imstande, eine klare Trennungslinie zu ziehen zwischen dem, was Sie bereit sind zu akzeptieren und was nicht. In diesem Fall können Sie so lange keine klare Entscheidung treffen, solange Sie in dieser Gefühlsungewissheit stecken. Selbst wenn andere längst dazu raten, wagen Sie eine Trennung nicht, weil Sie nicht wissen, ob Sie dazu wirklich Anlass haben.

Erinnern Sie sich daran, wie Ihr Unbewusstes arbeitet: Es überblickt die Situation, in der wir uns befinden, sortiert alles Unwichtige aus und konzentriert sich absolut auf das Wesentliche. Und wesentlich ist nicht »warum«, sondern »was«: Was kann und will ich nicht länger akzeptieren? Achten Sie auf Ihre Körpersignale. Eines der wichtigsten Signale ist, wenn sich der persönliche Stolz meldet und Ihnen sagt: Das lasse ich nicht mehr mit mir machen! Das ist der entscheidende Moment, in dem es »Klick« macht und die Kompromissbereitschaft oder Geduld erschöpft ist und die persönliche Bilanz ins Negative geht. Verletzter Stolz – und darum geht es hier – geht immer mit irgendeiner Körperempfindung oder einem starken Gefühl einher, während der Verstand unter Umständen immer wieder verschiedene Lösungsmöglichkeiten durchgeht.

Es gibt eine Reihe von Fragen, die Sie sich stellen sollten, um festzustellen, wie Sie sich wirklich fühlen. Bitte überlegen Sie bei jeder der folgenden Aussagen, inwieweit sie auf Sie zutrifft. Kreuzen Sie den entsprechenden Kreis in der ersten Spalte an. Markieren Sie dann in der zweiten Spalte, wie wichtig der beschriebene Aspekt für Sie ist. Achten Sie auf Ihre Gefühle und Körpersignale, die sich beim Durchlesen und Beantworten der Aussagen melden.

Test: Selbstachtung

	Das trifft zu ...			Das ist für mich ...		
	völlig	teils	kaum	sehr wichtig	wichtig	weniger wichtig
Ist Ihre körperliche Gesundheit in Gefahr, wenn Sie nicht gehen?	o	o	o	o	o	o
Ist Ihre geistige und seelische Gesundheit in Gefahr, wenn Sie nicht gehen?	o	o	o	o	o	o
Haben Sie Ihre wahren Gefühle abgeblockt?	o	o	o	o	o	o
Halten Sie in erster Linie deshalb durch, weil Sie bereits viel Zeit und Energie investiert haben?	o	o	o	o	o	o
Hat sich Ihre Beziehung so allmählich verschlechtert, dass Ihnen gar nicht bewusst war, wie schlimm die Dinge wirklich stehen?	o	o	o	o	o	o
Fühlen Sie sich durch Ihre Beziehung derart eingeschränkt, dass Sie nicht mehr Sie selbst sein können?	o	o	o	o	o	o
Hat ihr Partner Dinge getan, die Sie ihm nicht verzeihen können?	o	o	o	o	o	o
Mögen Sie sich selbst weniger, wenn Sie mit Ihrem Partner zusammen sind?	o	o	o	o	o	o
Nimmt die Freude daran, mit Ihrem Partner zusammen zu sein, immer weiter ab?	o	o	o	o	o	o
Sind Sie glücklicher, wenn Sie allein oder mit anderen Menschen zusammen sind?	o	o	o	o	o	o

▶ Die Entscheidung überprüfen, die Partnerschaft beenden zu wollen

	Das trifft zu ...			Das ist für mich ...		
	völlig	teils	kaum	sehr wichtig	wichtig	weniger wichtig
Gehen Sie nicht, weil Sie Angst davor haben, was andere von Ihnen denken?	o	o	o	o	o	o
Gehen Sie nicht, weil Sie Angst vor dem Alleinsein haben?	o	o	o	o	o	o
Haben Sie die Hoffnung aufgegeben, dass sich Ihre Beziehung verbessern lässt?	o	o	o	o	o	o
Haben Sie bereits eine Menge Dinge unternommen, um Ihre Beziehung zu retten?	o	o	o	o	o	o
Sind Sie bereit, den Preis dafür zu zahlen, dass Sie gehen?	o	o	o	o	o	o

Quelle: J. Barranger, 1998

Was empfinden Sie, wenn Sie Ihre Antworten betrachten? Welche Körpersignale nehmen Sie wahr? Wenn alle oder der Großteil der Aussagen völlig zutrifft, heißt das, dass es Ihnen erheblich schaden wird, an Ihrer Beziehung weiter festzuhalten. Wenn Sie zudem bereits eine Menge unternommen haben, um Ihre Beziehung zu retten, brauchen Sie sich nichts vorzuwerfen, wenn Sie gehen. Sich selbst aufzugeben hat noch keine Beziehung gerettet – das eigene Leben schon. Wenn der Fall so liegt, brauchen Sie im Sinne des einen guten Grundes Ihre Beziehung gar nicht mehr bis ins letzte Detail zu erforschen.

Wenn eine größere Anzahl der Aussagen teilweise zutrifft und teilweise nicht, ist dies kein Zeichen einer guten Partnerschaft, aber in diesem Fall besteht eher die Möglichkeit, die Beziehung weiterzuführen, egal, ob Sie an ihr arbeiten oder nicht. Sie könnten sich daher für die erste der sechs Alternativen entscheiden.

Für Ihre persönlichen Notizen
Ihre Körpersignale

....

....

Ihre Gefühle

....

....

....

Ihr Verstand

....

....

....

Aus meiner Sicht gibt es auch ein Mindestmaß an Erwartungen, die erfüllt sein müssen, um an der Partnerschaft festzuhalten – zumindest wenn es keine reine Zweckgemeinschaft sein soll. Von einem liebevollen Partner können und dürfen wir sowohl ein intuitives Verständnis wie ein absichtliches, also bewusstes, Einlassen auf unsere Empfindlichkeit erwarten. Ständig sich dem Partner erklären, Missverständnisse ausräumen und sich rechtfertigen zu müssen, zermürbt auf Dauer und kratzt an der Selbstachtung. Lässt sich daran nichts verändern, können Sie vielleicht nicht mehr in den Spiegel schauen, wenn Sie nicht gehen. Überprüfen Sie diese Option anhand Ihrer Körpergefühle.

Anders liegt der Fall, wenn Sie sich mittlerweile über Dinge ärgern und sich daran stören, die Sie früher an Ihrem Partner attraktiv und anziehend fanden. Nicht selten sind später also genau diese Eigenschaften der Auslöser dafür, weshalb man sich von diesem Menschen wieder trennt. Aus meiner Sicht kein Grund, Ihren Partner deswegen zu verlassen. Stattdessen sollten sie die Ursachen ihrer »Schwarz-Weiß-Sicht« herausfinden. Hatten Sie etwas anderes erwartet und sind deshalb enttäuscht? Fühlen Sie sich von Ihrem Partner getäuscht, weil Sie ein ganz anderes Bild von ihm hatten? Muss Ihr Partner einem ganz bestimmten Bild entsprechen? Oder handelt es sich nicht einfach um das Phänomen, dass sich Gegensätze zwar anziehen, sie es aber meist nicht lange miteinander aushalten? Früher oder später meldet sich nämlich die andere Gesetzmäßigkeit einer Partnerschaft, und die heißt: Gleich und Gleich gesellt sich gern. Und dieses

▶ Die Entscheidung überprüfen, die Partnerschaft beenden zu wollen

gewinnt im Laufe einer Beziehung an Bedeutung. Wer Gegensätze anziehend findet, der muss die Unterschiede auch über die Anfangsphase der Partnerschaft hinaus tolerieren und akzeptieren – besser noch als Bereicherung erleben. Wer also unter den Gegensätzen zwischen sich und seinem Partner leidet, sollte, bevor er die Beziehung deswegen auflöst, sich ernsthaft überlegen, ob er diese nicht tolerieren und akzeptieren oder, wie am Anfang der Partnerschaft, als Selbsterweiterung schätzen kann. Eine gute Beziehung ist kein Spiel auf ein Tor. Prüfen Sie daher, wie offen Sie diesem Gedanken gegenüber noch sind. Was ist Ihr Gefühl, wenn Sie sich vorstellen, diesen Gegensätzen wieder etwas Positives abzugewinnen und Ihrem Partner mit Toleranz und Akzeptanz zu begegnen?

Für Ihre persönlichen Notizen
Ihre Körpersignale

....
....
....

Ihre Gefühle

....
....
....

Ihr Verstand

....
....
....

Leidet Ihre Beziehung an unüberbrückbaren Differenzen?

Wegen unüberbrückbarer Differenzen auseinanderzugehen ist die Lieblingserklärung prominenter Paare. Sie ist vielsagend und nichtssagend zugleich. Dennoch kann es ein ernst zu nehmender Grund sein, eine Beziehung zu beenden. Wenn Partner eine so unterschiedliche Vorstellung von der Zukunft haben, dass keine Einigung möglich ist, ist es besser, die berühmten drei

Worte »ich verlasse dich« zu sprechen. Wenn der eine unbedingt im Ausland leben möchte, der andere an seinem Geburtsort auf dem elterlichen Grundstück bauen will, wenn für den einen Kinder der Sinn des Lebens sind und der andere absolut keine will, dann finden sich hier keine Kompromisse, sondern man verliert nur Zeit. Auf Sicht gesehen stehen für eine Partnerschaft die Karten besser, wenn ein Paar sich in vieler Hinsicht ähnelt.

Werden Sie sich darüber klar, was für Sie in Ihrem Leben wichtig und unabdingbar – also nicht kompromissfähig – ist. Analysieren Sie ganz ehrlich, was Sie davon bisher mit Ihrem Partner verwirklicht haben und was nicht. Werfen Sie einen langen Blick in Ihre persönliche Kristallkugel, in der Sie die Zukunft lesen können, und suchen Sie dort eine Antwort auf die Frage, wie Ihr Leben in 5 oder 10 Jahren aussehen soll.

Nicht alle Differenzen zwischen den Partnern sind gleichermaßen wichtig und bedeutsam. Wenn der eine gern ausgeht und der andere gern zu Hause ist, wenn der eine meditiert und der andere lieber ins Fitnessstudio geht, lässt sich damit schon eher leben. In den zentralen Zielen und Werten aber muss es passen.

Mit Ihren Werten haben Sie sich schon beschäftigt. Jetzt geht es darum, dass Sie sich mit Ihren kurz-, mittel- und langfristigen Zielen und Lebensträumen beschäftigen.

Check Lebensplanung

Versuchen Sie die nachfolgenden Fragen ehrlich zu beantworten. Wenn Ihnen nicht sofort eine Antwort einfällt, lassen Sie sich einfach mehr Zeit

Der Blick zurück: Welche Ziele hatten Sie für sich und Ihren Partner? Welche konnten Sie miteinander umsetzen, welche nicht?

• ....
• ....
• ....

▸ Die Entscheidung überprüfen, die Partnerschaft beenden zu wollen

Welche Ziele haben Sie heute im Leben für sich selbst, für Ihren Partner, für Ihre Beziehung? Was möchten Sie in den nächsten 5 bis 10 Jahren erreichen?

- ....
- ....
- ....

Was gehört für Sie unbedingt zu einem besseren Leben?

- ....
- ....
- ....

Nennen Sie einen Lebenstraum, den Sie sich erfüllen möchten

- ....
- ....
- ....

Was sind die wirklich wichtigen Dinge in Ihrem Leben, die Ihnen viel Freude und Energie geben und für die Sie wirklich Zeit freimachen wollen?

- ....
- ....
- ....

Welche alten überholten Gewohnheiten müssten Sie aufgeben, um wieder ein besseres Leben zu haben?

- ....
- ....
- ....

Im Anschluss an diese Übung können Sie die Gemeinsamkeiten und Unterschiede herausarbeiten und so mehr Klarheit gewinnen. Wenn Ihre Beziehung an unüberbrückbaren Differenzen leidet, wenn es da überhaupt nicht passt – egal ob das schon immer so war oder erst seit kurzem – verlieren Sie nur Zeit. Das Beziehungsleben ist zu lang, um es mit faulen Kompromissen und dem »falschen« Partner zu verbringen.

Für Ihre persönlichen Informationen
Ihre Körpersignale

....

....

Ihre Gefühle

....

....

Ihr Verstand

....

....

....

Die Angst überwinden, die Beziehung zu beenden

Entscheidungshemmnisse basieren häufig auf Angst: Angst vor
dem Alleinsein, vor den Reaktionen der anderen, dem Verlust,
den Veränderungen, der unbekannten Zukunft. Das Gefühl, gedanklich blockiert zu sein, erzeugt negativen Stress. Eine gute
Möglichkeit, solche Ängste zu überwinden, ist das Erstellen
einer Mindmap. Hierbei werden die Ängste nach einer bestimmten Methode aufgeschlüsselt und visualisiert. Die Methode besteht aus vier Schritten.

Übung:
Mindmap

Nehmen Sie ein Blatt Papier – je größer, desto besser. In die Mitte
schreiben Sie einen Satz, der Ihre Entscheidung beinhaltet: »Ich
trenne mich von meinem Partner.« Um das Wort herum schreiben
Sie alle Befürchtungen, die Ihnen einfallen. Was könnte Negatives
passieren: Ihnen, dem Partner, den Kindern, den Eltern und Schwiegereltern, den Freunden, für Ihre finanzielle Situation, die berufliche
Zukunft, Gesundheit, Zufriedenheit, den Lebensstandard usw. In einem nächsten Schritt markieren Sie a) die völlig unwahrscheinlichen
– am besten schwarz durchstreichen, b) die mit großer Wahrschein-

▶ Die Entscheidung überprüfen, die Partnerschaft beenden zu wollen

lichkeit nicht eintreffenden Folgen mit einem Fragezeichen in Blau, c) die möglicherweise eintreffenden mit Ausrufezeichen rot, und d) die sicher eintreffenden Folgen unterstreichen Sie in Rot. Konzentrieren Sie sich im Weiteren auf die rot unterstrichenen, sicher zu erwartenden Folgen. Erstellen Sie eine neue Mindmap. Die Folgen tragen Sie in die Mitte ein. Notieren Sie, unter welchen Bedingungen mit diesen Folgen zu rechnen ist, welche Sachverhalte Sie noch klären müssen, wen Sie fragen und was Sie tun sollten, um die Folgen abzuwenden, abzufedern oder sogar konstruktiv zu nutzen.

Dasselbe machen Sie mit den möglicherweise eintreffenden Folgen und verfahren in derselben Weise.

Diese Methode hilft Ihnen, einen besseren Überblick über die anstehenden Aufgaben zu gewinnen und diese zu lösen. Statt vor der Angst davonzulaufen oder sich von ihr lähmen zu lassen, bieten Sie ihr die Stirn. Indem Sie Unterschiede herstellen, kann Ihr Gehirn schrittweise vorgehen und kommt so schneller zu einem Ergebnis.

Die Vor- und Nachteile der Trennung abwägen

Beginnt Ihr Satz auch damit: » Ich würde ja sofort gehen, aber…?« Und dann folgt eine Reihe von »aber«. Wenn ja, dann könnten Sie den Verstand für sich arbeiten lassen. Eine Möglichkeit sind Für-und-Wider-Listen. Mit ihrer Hilfe versucht man zu klären, ob die Vorteile einer bestimmten Entscheidung die Nachteile überwiegen. Rein logisch gesehen würden wir immer die Wahl treffen, die zum größten Gewinn und geringsten Verlust führt.

Übung:
Für und Wider zu gehen

Nehmen Sie ein Blatt Papier und schreiben Sie als Überschrift Für und Wider für das Ende der Beziehung. Auf der linken oberen Seite schreiben sie Für – was spricht für die Trennung, und rechts oben schreiben Sie Wider – was spricht gegen eine Trennung. Ziehen Sie in der Mitte des Blattes eine Linie und schreiben Sie so viele Punkte wie möglich in die beiden Spalten. Machen Sie sich keine Gedanken, wie sich Ihre Gründe und Motive anhören. Beim Brainstorming geht es ja gerade darum, genau aufzuschreiben, was einem spontan einfällt, ohne sich dabei zu zensieren.

Um den größtmöglichen Nutzen von dieser Methode zu haben, müssen Sie eine Operation durchführen, die manchen algebraischen Aufgaben ähnelt. Für diese Art »moralischer Algebra« müssen Sie prüfen, welche Gründe und Motive in der einen Spalte denen in der anderen an Wichtigkeit entsprechen – eins zu eins, eins zu zwei, zwei zu drei. Wenn Sie alle Gleichwertigkeiten auf beiden Seiten gestrichen haben, können Sie sehen, wo noch ein Rest übrig bleibt und die Waage damit nach einer Seite tendiert. Sie wissen, es müssen nicht viele Gründe sein! Wenn Sie durch diese Übung feststellen, dass auf der Pro-Seite ein »Rest« übrig bleibt, reicht das als Grund aus, um zu gehen – wenn Ihre Bauchgefühle zustimmen.

Sich die Zukunft ohne den Partner ausmalen

Bei Ihrer Entscheidung zu gehen sollten Sie unbedingt auch die Auswirkungen Ihrer Entscheidung zu unterschiedlichen Zeitpunkten in Betracht ziehen. Möglicherweise fühlt sich Ihre Entscheidung kurzfristig gut und stimmig an, mittelfristig schon und langfristig überhaupt nicht mehr gut und stimmig an. Oder gerade andersherum. Viel zu oft treffen wir Entscheidungen aus kurzfristigen Motiven heraus und vernachlässigen dadurch, vorausschauend zu denken und zu handeln. D.h., die weit entfernte Zukunft sollte unser Denken stärker beeinflussen, als es gewöhnlich der Fall ist – gerade auch bei der Entscheidung über die Zukunft der Partnerschaft. Natürlich kann niemand die Zukunft voraussagen. Allerdings können wir uns gedanklich und gefühlsmäßig mithilfe unserer Fantasie in die nähere und fernere Zukunft versetzen und ein Bild davon bekommen, wie wir uns dabei fühlen. Wenn wir uns Dinge detailliert und bildhaft vorstellen, erleben wir diese intensiver, als wenn wir uns rein rational mit einer Situation beschäftigen. Das Wissen, das auf

▸ Die Entscheidung überprüfen, die Partnerschaft beenden zu wollen

diese Weise zustande kommt, wird »gefühlt«: Körpersignale und Gefühle werden bewusster wahrgenommen.

Fantasiereisen, Imaginations- und Visualisierungsübungen sind Methoden, die mittlerweile auch außerhalb der klassischen Hypnose mehr und mehr Anwendung finden: im Sport, in der Pädagogik, bei Prüfungen und in der Medizin und Heilbehandlung.

Die nachfolgende Imaginationsübung fokussiert drei verschiedene Zeitrahmen: »gleich jetzt«, »etwas später« und »wenn alles vorbei ist«. Diese Aufteilung orientiert sich an dem »10-10-10-Modell für intelligente Lebensentscheidungen« der Journalistin Suzy Welch. Wie Sie merken werden, können diese verschiedenen Zeitfenster sehr schnell deutlich machen, ob Ihre Entscheidung zu gehen am besten mit Ihren eigenen Vorstellungen und innersten Werten von einem besseren Leben vereinbar ist.

Lassen Sie sich also von Ihren Fantasiebildern führen. Am besten lesen Sie den nachfolgenden Text Zeile für Zeile und schließen in den Pausen die Augen, um sich ganz auf Ihre Vorstellungen zu konzentrieren. Öffnen Sie Ihre Augen erst wieder, wenn Sie dazu bereit sind, und fahren Sie dann mit dem Text fort. Nehmen Sie sich am Ende dieser Übung Zeit zum Nachspüren. Hier nun der Text:

Fantasieübung »Sich vom Partner trennen«

Stellen Sie sich vor, Sie haben gerade eben die Entscheidung getroffen, sich von Ihrem Partner zu trennen. Und Sie haben sich die Entscheidung wahrlich nicht leicht gemacht, aber nun ist sie gefallen. Sie verbringen Ihre erste Nacht ohne Ihren Partner, und Sie wachen am anderen Morgen auf und richten sich Ihren Tag ein im Bewusstsein Ihrer neuen Eigenständigkeit und Unabhängigkeit. (Pause) Nehmen Sie wahr, wie Ihr Leben kurz nach Ihrer Entscheidung aussieht. Denken Sie an die Menschen, Orte und Dinge, die tatsächlich oder Ihrer Vermutung nach Teil Ihres neuen Lebens sein würden, wenn Sie jetzt die Beziehung beenden. Was würde sich an Ihrem

Leben verändern? Was machen Sie nach der Arbeit? Wie sehen Ihre Wochenenden aus? Machen Sie Dinge, die Sie schon immer mal tun wollten? (Pause) Und nun zu Ihren Gefühlen: Welche Gefühle spüren Sie sogleich nach Ihrer Entscheidung: eine Minute danach, eine Stunde, die erste beziehungsweise die ersten Wochen. Nehmen Sie sich Zeit, Ihre Gefühle und Körpersignale wahrzunehmen. Wie fühlt sich Ihre Entscheidung an, kurz nachdem Sie sie getroffen haben? (Pause) Und nun geht Ihre Aufmerksamkeit zu den Folgen Ihrer Entscheidung. Lassen Sie dazu ein Bild auftauchen. Wer außer Ihnen tritt noch ins Bild? Haben Sie ein Lager voller Feinde um sich? Wie reagieren Ihre Freunde so kurz nach Bekanntwerden Ihrer Entscheidung? Welche praktischen Probleme stehen so kurz nach Ihrer Entscheidung an? Sind Sie allein oder haben Sie Hilfe? Haben Sie sich die allererste Zeit schlimmer oder leichter vorgestellt? Und wie ist es in Ihrer Vorstellung? Malen Sie sich die Zeit kurz nach Ihrer Entscheidung Schritt für Schritt aus. (Pause)

Bewegen Sie sich in Gedanken ein Stück weiter in die Zukunft – ungefähr so weit, wie die Zukunft für Sie absehbar ist – und damit auch die Folgen Ihrer Entscheidung. Die ersten Reaktionen auf Ihre Entscheidung sind abgeklungen. Welche Bilder und Gedanken tauchen nun auf? Wie sieht Ihr Leben zu diesem Zeitpunkt aus? Was sehen Sie sich tun oder lassen? Wie fühlt sich Ihr neues Leben ohne Ihren Partner an? Welche Körpersignale und Gefühle melden sich? (Pause)

Welche Folgen Ihrer Entscheidung nehmen Sie jetzt wahr? Wie fühlen sich diese an? Welche sind angenehm, welche weniger? Was haben Sie durch Ihre Entscheidung gewonnen, was verloren? (Pause) Und nun gehen Sie noch einen Schritt weiter zu einem Zeitraum in der Zukunft, von dem Sie das Gefühl haben, es ist alles vorbei, die Trennung liegt wirklich hinter Ihnen. Nehmen Sie sich Zeit, innerlich dort anzukommen. Haben Sie ein Bild, wie Sie leben werden – ob allein, mit einem neuen Partner, in der Stadt oder auf dem Land, in einem anderen Land? Haben Sie eine neue Frisur, neue Hobbys? Wie haben Sie sich weiterentwickelt? Auch ein vages Bild ist ein Bild. (Pause) Wie fühlt sich Ihre Entscheidung an, jetzt, wo alles

▸ Die Entscheidung überprüfen, die Partnerschaft beenden zu wollen

vorbei ist? Atmen Sie endlich wieder auf? Wie sind die Auswirkungen Ihrer Entscheidung von damals zum jetzigen Zeitpunkt, an dem alles hinter Ihnen liegt? Sind Sie Ihren eigenen Vorstellungen von einem guten Leben näher gekommen? Hat sich Ihre Entscheidung für Sie gelohnt? Welchen Sinn hatte es, sich damals zu trennen und ein neues Leben ohne Ihren Partner zu beginnen? Was haben Sie für sich gewonnen, was bedauern Sie, was nicht? Wofür sind Sie Ihrem Partner im Nachhinein dankbar? Lassen Sie sich Zeit für jeden einzelnen dieser Gedanken. (Pause) Jetzt, wo Sie wissen, wie die Folgen Ihrer Entscheidung gleich, etwas später und später sind, können Sie die Augen wieder öffnen und sich auf die Gegenwart konzentrieren.

Lassen Sie diese Übung einfach nachwirken. Sie können sie auch öfter wiederholen. Wenn Sie ihren Zweck erfüllt, hilft sie Ihnen dabei, gefühlt zu wissen, ob Ihre Entscheidung, Ihre Beziehung definitiv zu beenden, Sie Ihren eigenen Vorstellungen von einem »besseren« Leben näher bringt.

Wenn Ihre Gefühlsbilanz in eine Richtung geht, sind Sie entscheidungsfähig und raus aus Ihrer Ambivalenz.

Wird es Ihnen leidtun, wenn Sie gehen?

Wenn Herz und Verstand Ihnen sagen, dass Sie gehen sollen, wird Ihnen die Entscheidung sicher nicht leidtun. Etwas anderes ist es, zu bedauern, dass es so weit gekommen ist und der Traum von einem dauerhaften Leben zu zweit verabschiedet werden muss. Die Entscheidung, zu gehen und dennoch ein Gefühl des Bedauerns zu verspüren, ist kein Zeichen, dass die Entscheidung falsch ist, sondern Ausdruck innerer Stärke. Sie gehen, ohne den eigenen Schmerz oder den anderer zu verdrängen. Wenn man dagegen eine Entscheidung bereut, würde man sie gerne wieder rückgängig machen oder gar nicht erst getroffen haben. Je besser sich eine Entscheidung anfühlt, desto leichter kann man das Gefühl des Bedauerns zulassen. Was werden Sie bedauern, wenn Sie gehen? Hier einige Beispiele:

- Für die Kinder tut es mir leid, dass nicht alles so bleiben kann.
- Ich hätte früher meine Bedürfnisse äußern sollen, vielleicht hätten wir dann eine Chance gehabt.
- Selbst wenn du mir die Sterne vom Himmel geholt hättest, hätte es an meiner Entscheidung nichts geändert.
- Deine Bemühungen waren ehrlich, aber ich war nicht mehr offen.
- Wir hatten so viel miteinander vor – schade, dass die Beziehung jetzt zu Ende ist.
- Es gab auch viel Gutes zwischen uns.

Erleichterung und Freude einerseits, Bedauern und Leid liegen dicht beieinander. Wer zu seiner Entscheidung zu gehen stehen kann und gleichzeitig das Gefühl des Bedauerns zulassen kann, muss weder den Partner nachträglich verteufeln noch die Beziehung in den Dreck ziehen. Denken Sie daran: Es gibt eine Zeit nach der Trennung. Hierfür stellen Sie jetzt die Weichen.

Nun vergleichen Sie die Ergebnisse aus den verschiedenen Übungen miteinander. Damit sich die Entscheidung »zu gehen« gut anfühlt, muss Ihre Gefühlsbilanz in diese Richtung gehen. D.h., die positiven Körperempfindungen müssen ein fettes Plus aufweisen, und der Verstand muss auch sagen: Go!

5. Kapitel
Die Entscheidung überprüfen, zusammenbleiben zu wollen

Nachdem Sie sich im vorherigen Kapitel ausschließlich mit der Entscheidung, sich zu trennen, beschäftigt haben, befassen Sie sich in diesem Kapitel mit der Entscheidung, trotz Krise zusammenzubleiben. Diese Alternative sollten Sie ungeachtet der Tatsache, wie sie sich fühlen, in Erwägung ziehen und mit denselben Methoden prüfen und bewerten. Was sagen Ihre Stopp- und Go-Gefühle zu Ihrer Entscheidung, zu bleiben?

Verpassen Sie womöglich etwas Besseres, wenn Sie bleiben?

Diese Frage beschäftigt heute viele Paare, wenn sie mit ihrer Partnerschaft unzufrieden sind. Wie weiß ich, ob sich die Mühe lohnt zu bleiben? Wie erkenne ich, ob jemand der oder die »Richtige« für mich ist? Woher weiß ich, dass ich nicht nach etwas besserem Ausschau halten muss, sondern meine Beziehung es wert ist, zu bleiben und an ihr zu arbeiten? Die Entscheidung findet heute angesichts der vielen Beziehungsmöglichkeiten und scheinbar grenzenlosen Freiheiten unter erschwerten Bedingungen statt. Viele Paare sind damit überfordert.

Wenn Sie die Alternative, trotz Krise zusammenzubleiben, analysieren und bewerten wollen, müssen Sie als Erstes aufhören, Ihre Beziehung mit all den Möglichkeiten »da draußen« zu vergleichen. Ihre Beziehung kränkelt, und da ist jeder Vergleich erst einmal fehl am Platz. Aber auch sonst hinken Vergleiche. Wenn Ihre Beziehung in wichtigen Bereichen Ihren eigenen Maßstäben und Kriterien entspricht, wenn sie in diesem Sinne »gut genug« ist, muss ich mir nicht die Frage stellen, ob sie auch wirklich die beste Beziehung ist, die ich bekommen kann. Ist die Beziehung gut genug, ist es auch der Partner. Können Sie sich darauf einlassen? Das ist der erste Schritt, wenn Sie sich mit der Alternative »bleiben« beschäftigen.

Um bei Ihrem Partner zu bleiben, müssen Sie sich selbst klar werden, was Sie gerne und von Herzen bleiben lässt, ohne im Widerspruch zu Ihren Werten zu leben. Wie viel Gutes ist notwendig, damit Sie gerne bleiben? Welche Kriterien muss ihre Beziehung hierfür erfüllen?

Test: Was mir wichtig ist
Treue
Ist Treue für Sie ein wichtiges Kriterium? Das erspart viele qualvolle Abwägungen, vor die Sie oder Ihr Partner gestellt werden könnten.
❏ sehr wichtig ❏ wichtig ❏ weniger wichtig

Körperkontakt

Legen Sie Wert auf regelmäßigen Körperkontakt? Zärtlichkeit und Sex schweißen zwei Menschen zusammen. Bereits sanfte Berührungen reichen aus, damit unser Gehirn das Bindungshormon Oxytocin ausschüttet.

❑ sehr wichtig ❑ wichtig ❑ weniger wichtig

Interesse

Legen Sie Wert darauf, dass sich Ihr Partner für Sie als Person interessiert? Nichts wirkt auf einen anderen Menschen so anziehend wie echtes Interesse und Neugierde. Am anderen interessiert zu sein, ist allerdings etwas anderes, als ständig nur interessant sein zu wollen.

❑ sehr wichtig ❑ wichtig ❑ weniger wichtig

Konflikte konstruktiv lösen

Wie viel Wert legen Sie darauf? Streiten muss nicht schädlich sein. Vielleicht ist Ihnen aber Harmonie wichtiger?

❑ sehr wichtig ❑ wichtig ❑ weniger wichtig

Zuwendung

Stehen Sie mehr auf großes Kino oder liegen Ihnen die kleinen Zuwendungen und die stete Aufmerksamkeit im Alltag am Herzen?

❑ sehr wichtig ❑ wichtig ❑ weniger wichtig

Unterstützung

Wie viel Wert legen Sie darauf? Oder sind Sie der Typ, der lieber alles im Alleingang macht, damit Sie niemandem zur Last fallen und niemandem etwas schuldig sind?

❑ sehr wichtig ❑ wichtig ❑ weniger wichtig

Freundschaft

Wie viel Wert legen Sie darauf? Möchten Sie, dass er oder sie auch Ihr bester Freund ist, oder hat Freundschaft in der Partnerschaft nichts verloren? Von Nietzsche stammt der berühmte Satz:

▸ Die Entscheidung überprüfen, zusammenbleiben zu wollen

»Die gute Ehe beruht auf dem Talent zur Freundschaft.«
❏ sehr wichtig ❏ wichtig ❏ weniger wichtig

Aufregung

Wie wichtig ist Ihnen, dass in Ihrer Beziehung immer etwas los ist, dass es aufregend zugeht? Die Paarforschung plädiert dafür, immer wieder aus der Routine des Alltags auszubrechen. Aber es gibt viele Menschen, die es lieber haben, wenn nicht allzu viel Neues, Aufregendes und Spannendes die Routine des Alltags stört.
❏ sehr wichtig ❏ wichtig ❏ weniger wichtig

Fester Rahmen

Wie wichtig ist Ihnen ein fester Rahmen für die Beziehung? Ähnliche oder gleiche Werte, Heirat, Kinder, enge Nachbarschaft, gemeinsame Interessen und gemeinsame Einstellungen? Gefühle allein machen nicht glücklich – sagt die Eheforschung. Was ist Ihre Auffassung?
❏ sehr wichtig ❏ wichtig ❏ weniger wichtig

Sinnstiftung

Ist Ihnen die Beziehung das Wichtigste in Ihrem Leben? Oder bevorzugen Sie eine Beziehung, in der jeder von Ihnen eigene sinn-stiftende Projekte verwirklicht, die wichtiger als die Partnerschaft sind?
❏ sehr wichtig ❏ wichtig ❏ weniger wichtig

Entwicklung

Wie wichtig ist Ihnen, sich zusammen mit Ihrem Partner persön-lich zu entwickeln? Sagen Sie nicht einfach »Ja«, weil sich das gut anhört. Persönliche Entwicklung geschieht durch gegenseitige Herausforderung, Begrenzung und Unterstützung. Das ist nicht jeder Mann und jeder Frau Sache.
❏ sehr wichtig ❏ wichtig ❏ weniger wichtig

Unterschiede

Ist Ihnen mit einem Partner wirklich wohl, der anders ist als ich, oder brauchen Sie jemanden, der ganz auf Ihrer Wellenlänge liegt?

❏ sehr wichtig ❏ wichtig ❏ weniger wichtig

Zeit

Wie viel Zeit möchten Sie mit Ihrem Partner zusammen verbringen? Viel, nicht so viel? Oder geht es Ihnen vor allem um die Qualität der Zeit, die Sie miteinander verbringen?

❏ sehr wichtig ❏ wichtig ❏ weniger wichtig

Auswertung:

Schauen Sie die ausgefüllte Liste nun noch einmal an, und zwar mit Blick auf die Aussagen, bei denen Sie »sehr wichtig« angekreuzt haben. Das sind die Punkte, die Ihre Beziehung zu einer Kraftquelle für Ihr Leben machen. Vergleichen Sie diese Punkte mit den Aussagen Ihres Partners. Dann beschäftigen Sie sich mit den Aussagen, bei denen Sie »wichtig« angekreuzt haben. Wie viel Übereinstimmung besteht hier mit Ihrem Partner?

Entscheidend ist nicht, dass Sie möglichst viele Aussagen ankreuzen, sondern genau diejenigen, die nach Ihren persönlichen Maßstäben für Ihr Bleiben ausschlaggebend sind, weil sie Ihren persönlichen Werten von einer guten Partnerschaft und einem guten Leben entsprechen.

Für Ihre persönlichen Notizen

Körpersignale

....

....

Gefühle

....

....

Verstand

....

....

▸ Die Entscheidung überprüfen, zusammenbleiben zu wollen

Ihre wichtigsten Erwartungen an Ihren Partner

Wenn Sie selbst Klarheit darüber haben, welche Kriterien Ihre Beziehung erfüllen muss, damit Sie gerne bleiben, können Sie auch deutlicher formulieren, welche Erwartungen Sie an Ihren Partner, Ihre Partnerin haben. Verlieren Sie dabei nicht Ihre Bodenhaftung: Beziehen Sie Ihre Wünsche und Erwartungen auf Ihre persönlichen Vorstellungen einer guten Beziehung beziehungsweise eines Partners, der Ihnen guttut. Das reicht schon!

Was genau wünschen Sie sich von Ihrem Partner? Was sollte er oder sie sofort tun, um die Beziehung zu retten, und was könnte er oder sie tun, was Ihnen guttut? Möglicherweise beinhaltet beides dasselbe Verhalten, andererseits können sich Rettungstaten von den Segnungen des Alltags unterscheiden. Achten Sie darauf, wenn Sie sich die Punkte aufnotieren. Welche Signale und Handlungen brauchen Sie jetzt und sofort, welche später, und welche brauchen Sie, damit Sie auf Dauer gerne bleiben?

Das Schlüsselwort bei ihrer Liste ist »tun«. Absichtserklärungen sind kein Tun, sondern verbale Bekundungen.

Übung:
Erwartungen formulieren

Erstellen Sie eine Liste von Verhaltensweisen, womit Ihr Partner Ihnen entgegenkommen könnte. Unterteilen Sie die Liste in drei Zeitbereiche: sofort, später, auf Dauer.
Überlegen Sie sich dann, wie wichtig Ihnen die einzelnen Punkte sind, wo Sie zu Kompromissen bereit sind und wo nicht (Weber, 2006).

Was könnte mein Partner sofort tun oder lassen?

....

....

....

Was könnte er später tun oder lassen?

....

....

....

Was könnte er auf Dauer tun oder lassen?

....
....
....

Nun betrachten Sie Ihre Liste mit den Augen Ihres Partners. Ist das, was Sie von ihm brauchen, um gerne zu bleiben, von ihm grundsätzlich leistbar, oder müsste er dazu ein anderer Mensch sein? Um die Frage beantworten zu können, müssen Sie sich vielleicht an die guten Zeiten Ihrer Beziehung erinnern oder Ihre momentanen Negativgefühle beiseite legen.

Und wenn Sie schon dabei sind, könnten Sie sich fragen, wie die Liste Ihres Partners aussehen würde. Worum würde er Sie bitten. Was wären seine Herzenswünsche. Über welche lässt er oder sie mit sich diskutieren, über welche nicht?

Für Ihre Notizen
Körpersignale

....
....
....

Gefühle

....
....
....

Verstand

....
....
....

Checken Sie Ihre Gefühle

Es gibt eine Reihe von Fragen, die man sich stellen sollte, wenn man bleiben will. Sie beziehen sich auf die noch vorhandenen positiven Gefühle entweder für die Beziehung, den Partner oder für beide.

▸ Die Entscheidung überprüfen, zusammenbleiben zu wollen

Test »Positive Gefühle«

Überlegen Sie bei jeder der folgenden Aussagen, inwieweit sie zutrifft. Kreuzen Sie den entsprechenden Kreis in der Tabelle an.

Das trifft zu …	völlig	teils	kaum
Es gibt immer wieder Momente, wo wir zueinanderfinden.	o	o	o
Es gibt immer noch Dinge, die ich an meinem Partner mag.	o	o	o
Ich habe die Hoffnung noch nicht aufgegeben.	o	o	o
Wir haben noch nicht alle Möglichkeiten ausgeschöpft.	o	o	o
Manchmal spüre ich Mitgefühl mit meinem Partner.	o	o	o
Wenn ich mich an die guten Zeiten erinnere, empfinde ich keine Bitterkeit.	o	o	o
Meinem Partner ist es nicht egal, wie es mit uns weitergeht.	o	o	o
Ich würde meinen Partner wieder heiraten oder mit ihm in eine feste Beziehung eingehen.	o	o	o
Ich habe noch Wünsche an meinen Partner.	o	o	o
Es gibt noch intakte Bereiche in unserer Partnerschaft.	o	o	o
Ich sehe mich und meinen Partner noch als Teil unserer Partnerschaft.	o	o	o
Ich hänge an unserer Beziehung.	o	o	o

Schauen Sie sich die ausgefüllte Liste nun noch einmal an, und zwar zunächst mit Blick auf die Aussagen, bei denen Sie »trifft völlig zu« angekreuzt haben. Auf diesen Punkten können Sie aufbauen. Auch Aussagen, bei denen Sie »teils, teils« angekreuzt haben, sollten Sie auf der Plusseite verbuchen. Als

Nächstes schauen Sie auf die Aussagen, bei denen Sie »trifft kaum zu« angegeben haben. Hier gibt es den größten Klärungsbedarf – fangen Sie damit bei sich an.

Achten Sie wiederum auf Ihre Gefühle und Körpersignale und machen Sie sich dazu Notizen.

Für Ihre persönlichen Notizen

Körpersignale

....

....

....

....

Gefühle

....

....

....

....

Verstand

....

....

....

....

Ängste überwinden, um bleiben zu können

Selbst wenn man gerne mit seinem Partner zusammenbleiben würde, ist man nicht frei von Ängsten. Häufig vorkommende Ängste sind: neuerliche Verletzungen, ausbleibende Gefühle, die alten Muster holen einen wieder ein, es klappt mit dem Neuanfang nicht. Die Methode, um Ihren Ängsten auf die Schliche zu kommen, kennen Sie nun bereits aus dem vorherigen Kapitel. Nun geht es darum, mit dieser Methode die Ängste zu überwinden, die mit Ihrer Entscheidung zusammenhängen, die Beziehung fortzuführen.

Übung:
Mindmapping

In die Mitte eines Blatt Papiers schreiben Sie einen Satz, der Ihre Entscheidung beinhaltet. In diesem Fall zum Beispiel: »Ich bleibe bei meinem jetzigen Partner.« Um diesen Satz herum schreiben Sie alle Befürchtungen, die Ihnen einfallen. Was könnte Negatives passieren, wenn Sie bei ihm oder ihr bleiben: Ihnen, dem Partner, den Kindern, den Freunden, den Eltern und Schwiegereltern, für Ihre berufliche Situation, die finanzielle Situation, Gesundheit, Zufriedenheit, den Lebensstandard usw.

Markieren Sie als Nächstes a) die völlig unwahrscheinlichen Folgen, indem Sie sie schwarz unterstreichen, b) die mit großer Wahrscheinlichkeit nicht eintreffenden Folgen mit einem blauen Fragezeichen, c) die möglicherweise eintreffenden mit einem roten Ausrufezeichen, und d) die sicher eintreffenden unterstreichen Sie in Rot. Konzentrieren Sie sich im nächsten Schritt auf die in Rot unterstrichenen, sicher zu erwartenden Folgen und lassen Sie den Rest links liegen. Erstellen Sie eine neue Mindmap. Die Folgen tragen Sie in die Mitte des Blattes ein. Notieren Sie, unter welchen Bedingungen mit diesen Folgen zu rechnen ist, welche Sachverhalte Sie noch mit wem klären müssen und was Sie tun sollten, um die Folgen abzuwenden, abzufedern oder sogar konstruktiv zu nutzen. Als letzten Schritt machen Sie dasselbe mit den möglicherweise eintretenden Folgen, die Sie mit einem roten Ausrufezeichen markiert haben.

Diese Methode hilft Ihnen, einen besseren Überblick über diejenigen Ängste zu bekommen, die Ihre Entscheidung zu bleiben blockieren. Einen unsichtbaren Gegner kann man nicht bekämpfen. Besser man sieht ihn. Erst dann kann man sich gegen ihn zur Wehr setzen.

Das Für und Wider zu bleiben abwägen

Wie schon im vorherigen Kapitel für Ihre Trennungswünsche können Sie nun Ihre Gründe für das Bleiben ausloten. Nehmen

Sie dazu wieder ein leeres Blatt Papier und ziehen Sie wieder in der Mitte von oben nach unten eine senkrechte Linie. Über die linke Spalte schreiben Sie »Für«, über die rechte »Wider«. Dieses Mal geht es um Ihre Entscheidung zu bleiben. Was spricht dafür, was dagegen? Unter »Für« sammeln Sie so viel Punkte, wie Sie können. Danach tun Sie das Gleiche auf der Wider-Seite. Wenn Sie damit fertig sind, lassen Sie die Liste einige Tage ruhen, beziehungsweise ergänzen Sie sie, wann immer Ihnen etwas Neues einfällt. Wenn Ihnen keine Argumente mehr einfallen, verfahren Sie wieder nach derselben Methode wie bei Ihrer anderen Liste: Sie gewichten Punkt für Punkt, bis Sie am Ende feststellen, ob es einen Restwert auf der Für-Seite gibt. In dem Fall überwiegen die Vorteile, wenn Sie bleiben.

Das Zusammenbleiben durchspielen

Auch diese Methode ist Ihnen aus dem vorherigen Kapitel bereits vertraut. Stellen Sie sich jedoch dieses Mal vor, dass Sie bei Ihrem Partner bleiben, weil Sie es wollen. Nehmen Sie sich ausreichend Zeit dafür. Lesen Sie jeweils einen Abschnitt bis zu der Stelle, wo das Wort Pause auftaucht. Dann schließen Sie die Augen und überlassen sich den Bildern und Gedanken, die in Ihnen aufsteigen. Verweilen Sie bei jedem Abschnitt dieser Übung so lange, wie Sie wollen, um alle Bilder zu sehen, alle Gefühle zu spüren und alle Einsichten wahrzunehmen und zu speichern. Hier der Text:

Fantasieübung Zusammenbleiben

Sie haben sich dafür entschieden, Ihre jetzige Partnerschaft fortzuführen. Die Entscheidung haben Sie sich nicht leicht gemacht. Denken Sie an die Menschen, Orte und Dinge, die weiterhin Bestandteil Ihres Lebens sind, wenn Sie bleiben. Stellen Sie sich einzelne Szenen und Bilder hierzu vor. Nehmen Sie sich so viel Zeit, wie Sie brauchen, um sich die ersten Tage vorzustellen: Was sehen Sie sich und Ihren Partner tun, wie reagieren Ihre Freunde auf die Neuigkeit, Ihre Eltern?

(Pause) Konzentrieren Sie sich nun auf die unmittelbaren Folgen Ihrer Entscheidung. Wie fühlt sich Ihre Entscheidung, kurz nachdem Sie sie getroffen haben, an, nach einer Minute, einer Stunde, einer Woche? Welche Körpersignale aus Ihrem Inneren nehmen Sie wahr? Welche Gefühle spüren Sie so kurz nach Ihrer Entscheidung? Fühlt sich Ihre Entscheidung gut und richtig an? Sind sie noch ein bisschen verkrampft und unsicher? Spüren Sie Kraft und wiederkehrende Freude? Welche Gefühle nehmen Sie an Ihrem Partner wahr? (Pause) Und nun drehen Sie die Zeit ein Stück weiter, bis die erste Reaktion auf Ihre Entscheidung abgeklungen ist, Sie die Folgen Ihrer Entscheidung jedoch noch halbwegs voraussagen können. Vielleicht sind es 10 Wochen nach Ihrer Entscheidung? Sie wissen, die Zahl 10 ist beliebig, sie bezeichnet einfach einen Zeitrahmen, der etwas später ist. Was sehen Sie sich tun? Was hat sich inzwischen verändert, was ist gleich geblieben? Wie hat Ihre Beziehung wieder Fahrt aufgenommen? Lassen Sie sich Zeit, um Bilder und Gedanken aufsteigen zu lassen. (Pause) Konzentrieren Sie sich nun auf die Folgen Ihrer Entscheidung, bei Ihrem Partner zu bleiben und Ihrer Beziehung die Treue zu halten. Welche Auswirkungen hat Ihre Entscheidung mit dem Abstand von einigen Wochen oder Monaten? Welche Körpersignale und Gefühle nehmen Sie bei der Vorstellung an diesen weiteren Zeitrahmen wahr? Fühlt sich Ihre Entscheidung noch immer gut und angenehm an? Sagen Ihre Körpersignale »du bist auf dem richtigen Weg zu einem guten Leben«? Wo nehmen Sie Verbesserungen wahr, wo nicht? Haben Sie inzwischen die Gedanken zu gehen hinter sich lassen können? Verweilen Sie so lange an diesem Zeitabschnitt, wie Sie wollen. (Pause) Und nun stellen Sie sich die fernere Zukunft mit Ihrem Partner vor. Ihre Entscheidung liegt nun schon einige Zeit zurück, und Ihre Krise liegt längst hinter Ihnen. Versuchen Sie sich vorzustellen, wie Ihr Leben mit Ihrem Partner ein Jahr oder 10 Jahre nach Ihrer Entscheidung aussieht. Lassen Sie sich nicht entmutigen, wenn die Einzelheiten relativ vage sind. Lassen Sie sich Zeit, um Bilder und Ideen entstehen zu lassen von Ihrem Zusammenleben. Wie viel Zeit verbringen Sie zusammen? (Pause) Und nun konzentrieren Sie sich auf die Auswirkungen Ihrer Entscheidung, bei Ihrem Partner zu bleiben. Was hat sich langfristig geändert, was nicht? Was ist aus den ursprünglichen Problemen und Schwierigkeiten geworden? Welche Körpersignale und Gefühle spüren Sie bei der Vorstellung, Sie seien immer noch mit Ihrem Partner zusammen? Führen Sie wieder ein Leben, das mit Ihren Vorstellungen und Werten von einem guten Leben vereinbar ist? Bekommen Sie ein Go, weil das, was Sie sich vorstellen, wie es sein wird, mit angenehmen Gefühlen und Empfindungen verknüpft ist? Wie schauen Sie in die weitere Zukunft? Möchten Sie mit diesem Menschen an Ihrer Seite alt werden? (Pause) Wenn Sie jetzt alles über die Folgen Ihrer Entscheidung wissen, was Sie mithilfe Ihrer Fantasie und Ihrer Intuition wissen können, können Sie die Übung abschließen und langsam Ihre Augen öffnen.

Auch hier möchte ich Sie bitten, dieser Übung »nur« nachzuspüren. Wenn Sie möchten, können Sie die Übung jederzeit wiederholen, entweder komplett oder nur bestimmte Abschnitte.

Eine Fantasiereise in die Zukunft – egal, mit welcher Methode – ist mehr als ein reines Gedankenspiel. Indem wir uns vorstellen, wie wir uns in Zukunft mit unserer Entscheidung fühlen würden, wird auch deutlich, wie wir uns fühlen wollen. Dies wiederum bringt uns der Entscheidung näher, die sich nicht nur für den Moment gut anfühlt.

Nun können Sie die Ergebnisse aus den verschiedenen Übungen miteinander vergleichen. Geht Ihre Gefühlsbilanz in die Richtung Ihrer Entscheidung zu »bleiben«? Und Ihr Verstand? Sagt auch er Go!

6. Kapitel
Der Wendepunkt

Woran Sie merken, dass sich Ihre Entscheidung gut anfühlt

Der Wendepunkt ist erreicht, wenn die Phase der Ambivalenz vorüber und eine Entscheidung gefallen ist und sich diese gut anfühlt. Zwar mögen sich dann immer noch Bedenken oder Bedauern regen, dennoch steht die Entscheidung fest. Eine Entscheidung fühlt sich dann gut an, wenn sie folgende Kriterien erfüllt:

➜ unser Bauchgrummeln hat sich gelegt und unsere Gefühlsbilanz geht in eine Richtung: Erst dann sind wir nämlich entscheidungsfähig.

➜ Auch unser Verstand gibt grünes Licht. Herz und Verstand, Intuition und Zielfindung ziehen an einem Strang.

➜ Sie mobilisiert seelische und körperliche Kräfte, die wir brauchen, um unsere Entscheidung umzusetzen.

➜ Sie eröffnet neue Horizonte und macht Mut, das Mögliche zu tun und daran zu glauben, am Ziel anzukommen.

Wenn Sie noch unsicher sind

Grübeln wir weiter, heißt das, dass die Entscheidung so doch noch nicht passt. Unsere Gefühlsbilanz geht noch nicht deutlich genug in eine Richtung. Wem es so geht, der sollte nochmals eine sorgfältige Runde drehen und sich fragen, ob er ein Gefühl falsch interpretiert oder übersehen hat oder ob ihm Informationen fehlen. Vielleicht stimmt einfach der Zeitpunkt nicht für eine so weit reichende Entscheidung. Jetzt keine Entscheidung zu treffen ist auch eine Entscheidung. Wenn Sie zum Schluss kommen, im Moment nichts zu unternehmen, kann das auch gut sein. Schauen Sie jedoch genau hin, ob Ihre Gründe klug oder nicht klug sind. Sie werden wissen, was in Ihrem Fall zutrifft.

Es gibt aber auch »notorische Grübler«. Wenn Sie wissen, dass sie zu diesen Menschen gehören, dann helfen nur Mentaltechniken, um zu lernen, das Gedankenkarussell zu stoppen.

Entscheidungshilfen für Entscheidungswillige

Ich kann und will Ihnen Ihre eigene Entscheidung nicht abnehmen. Das sage ich auch zu allen Paaren, die mit Trennungsabsichten Rat und Hilfe suchen. Dennoch möchte ich Ihnen folgende Überlegungen an die Hand geben, mit deren Hilfe Sie Ihre Entscheidung überprüfen oder treffen können. Betrachten Sie diese Überlegungen als eine Art Geländer, das auf einigen wenigen » Faustregeln« basiert.

1. Schlechte oder ungesunde Beziehungen ähneln sich alle. Deshalb gibt es eindeutigere Kriterien, eine Beziehung zu beenden als sie fortzusetzen. Gute Beziehungen sind unterschiedlicher: hier führen viele Wege nach Rom.

2. Ja-Entscheidungen folgen einer anderen Logik als Nein-Entscheidungen. Die Entscheidung, mich von meinem Partner zu trennen, können Sie alleine treffen. Für einen gemeinsamen Neustart braucht es jedoch Ihrer beider Zustimmung, also ein zweites Ja. Wenn Ihr Partner nicht gesprächsbereit ist oder Ihre gemeinsame Kommunikation nicht mehr funktioniert, sollten Sie sich primär mit der Entscheidung befassen, die Sie alleine treffen können. Das ist die Entscheidung zu »gehen«. Wenn Ihre Entscheidung klar und eindeutig lautet: Ich gehe, brauchen Sie sich nicht mehr mit dem Bleiben zu beschäftigen.

3. Wenn die Partnerschaft nur noch als belastend empfunden wird, der Partner gar nicht mehr erreichbar ist, wenn man mit seinen Rettungsversuchen nur noch aufläuft und wenn man keinen Einfluss mehr hat, dann rutscht man in eine Hilflosigkeit, die extrem viel Kraft kostet und an die Substanz geht. Und unter der auch das eigene Leben jenseits der Beziehung zu sehr leidet. Dann ist es besser, die Reißleine zu ziehen und nicht noch länger in der Beziehung zu verharren.

4. Wenn Ihre Kommunikation durch Kritik, Verteidigung, Rückzug, Machtdemonstration und eine hohe Streitrate geprägt ist, befinden sie sich mit ihrer Beziehung auf beschleunigter Talfahrt. Spätestens jetzt sollten die Alarmglocken schrillen. Das bedeutet noch nicht, dass man damit unab-

wendbar auf dem Weg zur Trennung ist, aber auch nicht mehr weit davon entfernt. Sie sind nicht der Untergang der Beziehung selbst. Anders liegt der Fall, wenn zu diesen Untergangsboten noch die Verachtung – die Schwefelsäure der Liebe – dazukommt. Ohne Veränderungsbereitschaft Ihres Partners ist dies ein guter Grund zu gehen. Wenn Ihr Partner Ihnen mit Verachtung oder ähnlich verletzenden Verhaltensweisen entgegentritt, müssen Sie ihre Beziehung gar nicht mehr bis ins letzte Detail erforschen, um zu gehen. Eine Entscheidung nach dem Prinzip des »einen guten Grundes« zu treffen ist legitim.

5. Wenn sich Ihre Partnerschaft bereits länger in der »Todeszone« befindet, kommt jede Hilfe zu spät. Dann ist es eine gute Entscheidung, sich möglichst rasch zu trennen: Ab einem bestimmten Punkt funktionieren Wiederbelebungsversuche nicht mehr.

6. Wenn es Verletzungen gibt, die Sie Ihrem Partner einfach nicht verzeihen können, obschon sie es wollen, sollten Sie sich ebenfalls trennen: Ihre Beziehung hat dann keine echte Chance mehr. Wenn Sie selbst sich nicht mehr vorstellen können, wie Sie mit Ihrem Partner glücklich werden können oder wenn Ihr Partner klar und deutlich sagt, dass es für ihn vorbei ist, sollten sie aufgeben und sich definitiv trennen. Sich selbst aufzugeben, kann keine Beziehung retten.

7. Ein guter Grund zu gehen ist, wenn Sie und Ihr Partner partout nicht zusammenpassen.

So viel zu den Gründen, sich von Ihrem Partner definitiv zu trennen. Eine Trennung auf Probe ist in diesen Fällen nur ein Hinausschieben der Entscheidung. Im Sinne des einen guten Grundes und des Prinzips der sequentiellen Entscheidung reicht der erste Grund bereits aus, eine gute Entscheidung zu treffen. In diesem Fall brauchen Sie sich auch nicht mehr damit zu beschäftigen, ob Sie nicht doch bleiben sollten.

Wie aber steht es mit den Gründen zu bleiben?

1. Wenn noch Hoffnung besteht, sollte man bleiben. Hoffnung besteht dann, wenn es noch genügend Dinge in der Partnerschaft gibt, auf die man nicht verzichten möchte und wenn es realistische Anzeichen gibt, dass alles, was unerträglich ist, sich ändern lässt; oder man einen Weg findet, damit seinen Frieden zu machen und dafür das passende Beziehungsarrangement findet.

2. Wenn die Bereitschaft zur Veränderung besteht, kann man zusammen an der Beziehung arbeiten und dann lohnt es sich zu bleiben.

3. Wenn keinem die Beziehung völlig gleichgültig ist, kann man es innerhalb eines bestimmten Zeitraums noch einmal zusammen versuchen.

4. Wenn Ihre Partnerschaft aktuell mehr Schwächen als Stärken aufweist, ist dies kein Grund zu gehen. Vorübergehend kann eine Partnerschaft durchaus mal mehr Schwächen als Stärken haben und dennoch eine gute Partnerschaft sein. Entscheidend ist, ob es vorübergehend ist. In diesem Fall können Sie gemeinsam an Ihrer Beziehung arbeiten, indem Sie Stärken ausbauen und Schwächen abfedern. Wenn Sie gerne an ihrer Beziehung arbeiten möchten, sich aber unsicher sind, ob Sie das zusammen hinbekommen, wäre die passende Entscheidung, auf Probe zu bleiben. Wie man dauerhaft bleiben kann, erfahren Sie im nächsten Teil.

5. Wenn jeder von Ihnen noch positive Gefühle hat, sollten Sie bleiben. Krisen sind die Wachstumszeiten der Liebe.

6. Wenn Sie zu den unglücklichen Partnern zählen, die sich in eine verhängnisvolle »Wenn-nur-Falle« manövriert haben, ist das kein Grund, das Handtuch zu werfen und die Beziehung zu beenden, denn der nächste Partner ist auch nur ein Mensch aus Fleisch und Blut und demzufolge ist auch er oder sie nicht perfekt. Wie groß auch immer die Probleme ihres Partners tatsächlich sind, über die Sie klagen – seine mangelnde Gesprächigkeit, seine Unpünktlichkeit, sein Ordnungszwang, seine langen Telefonate, seine geringe Neigung zur Romantik

– eins ist klar: derjenige, der hier mit Sicherheit ein Problem hat, sind Sie. *Wenn man erst einmal verstanden hat, dass man keinen idealen Partner braucht, um eine ideale Partnerschaft zu haben*, kann man aufhören, Hirngespinsten hinterzujagen. Unterschiede wird es immer wieder geben und deshalb heißt die Devise nicht Trennung, sondern lernen, mit den Unterschieden umzugehen.

1. Wenn Sie herausgefunden haben, dass Sie sich in vielerlei Hinsicht ähneln, lohnt es sich zu bleiben, weil sie damit eine wichtige Voraussetzung für eine dauerhaft glückliche Partnerschaft erfüllen.

2. Wenn Ihre Partnerschaft unter den Ansprüchen des romantischen Liebesideals nicht mehr attraktiv erscheint, ist das kein Grund zu gehen, sondern ein guter Grund zu bleiben, um Ihre Partnerschaft nach Ihren persönlichen Kriterien zu gestalten. Ansprüche lassen sich verändern und das nicht nur in eine Richtung.

3. Wenn Sie und Ihr Partner persönliche Entwicklung und Partnerschaft vereinigen wollen, sagt die Faustregel: Lieber mit dem alten Partner etwas Neues, als mit dem neuen das Alte. Also bleiben Sie und arbeiten Sie an Ihrer Partnerschaft. Apropos »arbeiten«: Wenn Beziehungen lange halten, liegt das nicht so sehr an Disziplin oder Gewöhnung, sondern am Willen, zu zweit möglichst viel Schönes zu erleben.

Wenn weder Sie noch Ihr Partner glücklich miteinander sind, jedoch kein unmittelbarer Druck besteht, sich zu trennen oder etwas zu ändern, hätten Sie vermutlich weniger Bauchgrummeln, wenn sie sich für folgende Alternativen entscheiden:

➜ Sie lassen alles, wie es ist in dem Bewusstsein, dass dies die im Moment wohl bestmögliche Entscheidung ist.

➜ Sie versuchen es noch einmal zusammen, aber nur innerhalb eines bestimmten Zeitfensters. Dann ist klar, wie viel Zeit noch bleibt, und beide können sich Mühe geben, die Partnerschaft doch noch zu retten im Wissen, dass sonst die Trennung definitiv ansteht. Oder es stellt sich ein Gefühl der Erleichterung ein, weil das Ende in Sicht ist. In jedem Fall kommt ihre Gefühlsbilanz damit in Bewegung.

➜ Sie vereinbaren eine Trennung auf Zeit und beobachten genau, ob die räumliche Trennung Sie einander näherbringt oder noch weiter auseinander. Außerdem gibt sie ihnen beiden eine Verschnaufpause, in der Sie Abstand bekommen – und Abstand heißt meist wieder ein klareres Bild. Auch dadurch gerät Ihre Gefühlsbilanz in Bewegung.

➜ Wenn Sie gerne bleiben würden, aber nicht so richtig wissen, wie dies gehen kann, finden Sie im dritten Teil eine Antwort darauf. Wenn sich diese dann nicht nur gut anfühlt, sondern Ihnen auch persönlich umsetzbar erscheint, könnten Ihre letzten Zweifel damit ausgeräumt werden.

3. TEIL
Bausteine einer innigen Partnerschaft

»Das große Geheimnis jeder guten Ehe ist, jeden Unglücksfall als Zwischenfall und keinen Zwischenfall als Unglücksfall zu behandeln«
Garold George Niedson

»In der Ehe muss man einen unaufhörlichen Kampf gegen ein Ungeheuer führen, das alles verschlingt: die Gewohnheit«
Honore de Balzac

1. Kapitel
Worauf wir in der Liebe Einfluss haben und worauf nicht

Irrtümer ausräumen

Beginnen Sie Ihren Neuanfang nicht mit Irrtümern, die das Lieben oft zum Leiden machen. Zu einem der großen Liebesirrtümer zählt die Vorstellung, die Liebe sei im Grunde lenkbar und kontrollierbar. Diesen Wunsch sollte man sich – da unerfüllbar – schnellstens abschminken. Zum Glück, wie ich finde, denn ohne romantische Risiken und Unwägbarkeiten wäre die Liebe keine Liebe mehr: Sie ist nämlich, wie der Philosoph Richard David Precht nachgewiesen hat, ein unordentliches Gefühl.

Liebe ist auch keine reine Himmelsmacht, die für uns die Beziehungsarbeit erledigt so wie die Putzfrau für uns die Hausarbeit. Man kann nicht lieben lassen! Sie ist auch kein Ruhekissen, keine Festung gegen die Schlechtigkeit der Welt und kein Wellnesscenter, um sich vom Frust des Alltags zu erholen. Obwohl sie das auch alles sein kann, dürfen wir sie nicht darauf reduzieren und festnageln. Ebenso fatal ist die Vorstellung, wir seien der Liebe vollkommen ausgeliefert. Wer die Liebe vernachlässigt, lässt sie ziehen. *Um die Liebe müssen wir uns bemühen. Wir können zwar nicht die Liebe selbst beeinflussen, wir können aber etwas für die Rahmenbedingungen tun, sodass sich die Liebe wohlfühlt und gerne bleibt. Auch in einer abgekühlten Liebe kann nachweisbar wieder neues Feuer entfacht werden.*

Gleichzeitig müssen wir akzeptieren lernen, dass wir nicht alles dafür tun können, dass sie bleibt. Was aber können wir tun? Wir können erstens versuchen, traditionelle und moderne partnerschaftliche Werte und Tugenden in ein gutes Gleichgewicht zu bringen. Wir können uns zweitens für Strategien und Vorgehensweisen entscheiden, die Freude und Lust in einer Liebe verlässlicher machen. Und drittens gibt es Strategien zur Vermeidung von Leid. Somit bewegt sich unser konkreter Einfluss zwischen dem, was wir positiv tun können, und dem, was wir tunlichst lassen sollten. Das mag wenig erscheinen, vermehrt sich aber auf Dauer erstaunlich.

Alte Werte neu entdecken

Es gibt eine Reihe von Werten und Tugenden, die für eine gute, lebendige und liebevolle Beziehung grundlegend sind. Manche davon sind in Vergessenheit geraten. In der Praxis zeigt sich, dass gute Lösungen für den Alltag oft irgendwo zwischen Altbewährtem und neu Gefundenem liegen.

Disziplin

Sich Zeit für die Partnerschaft zu nehmen, dem anderen ein offenes Ohr zu schenken, obwohl man todmüde aus dem Job kommt, zusammen Aufregendes zu unternehmen – das macht nicht nur Spaß, sondern verlangt auch ein bisschen Disziplin.

Angewiesensein auf den Partner

Ich kann mich nicht alleine selbst finden. Das ist eine totale Überforderung, ebenso wie Selbstgenügsamkeit. Schon Martin Buber wusste: Das Ich entwickelt sich am Du. Wir wollen und brauchen ein Gegenüber, an dem wir uns in vielerlei Hinsicht reiben können.

Tun

Die Liebe kommt nicht, ohne dass wir etwas dazu tun. Und sie geht auch nicht, ohne dass wir etwas dazu tun. Man kann viel richtig und viel falsch machen, andererseits kann man gewiss nicht alles dafür tun. Liebe ist eine Aktivität, und dazu gehören Engagement und ein bisschen Einfallsreichtum.

Akt des Willens

Das Verstehen des Partners ist nicht nur eine Frage der Fähigkeit, die Gefühle und Gedanken des anderen nachzuvollziehen, sondern ein Akt des Willens. Wichtig für unser Zusammenleben und auch für die Liebe ist, ob wir gewillt sind, den Partner

▸ Worauf wir in der Liebe Einfluss haben und worauf nicht

verstehen zu wollen oder nicht. Liebe zum Partner ist daher bis zu einem gewissen Grad auch eine Sache unseres direkten Wollens.

Begrenzte Veränderungsmöglichkeiten

Weder von unserem Partner noch von uns selbst können wir erwarten, dass sich etwas gravierend und grundsätzlich ändert. Also Vorsicht vor allzu ambitionierten Projekten und Erwartungen, die die Beharrungskraft unseres Identitätsgefühls unterschätzen. Enttäuschung garantiert! Man kann seine Gefühle und sein Verhalten nicht von einem Tag auf den anderen umstellen. Gefühle lassen sich noch sehr viel schwerer verändern als vernünftige Einsichten.

Widersprüche aushalten

Dass Liebe und Partnerschaft zwei verschiedene Dinge sind, spricht sich so langsam herum. Muss man für eine Partnerschaft gut zueinanderpassen, so braucht man für die Liebe notwendig auch immer Gegensätzlichkeit, Fremdheit und Reibungsfläche. Man will Aufregendes erleben und braucht den Partner als Garant für Abwechslung. Und man will Gleiches erleben, braucht den Partner als Garanten für emotionale Stabilität. Die Kunst besteht nun eben gerade darin, beides nicht auf verschiedene Personen oder Bereiche aufzuteilen, sondern die Spannung auszuhalten und immer wieder neu auszubalancieren.

Dauer als Wert

Der Wille zur Dauerhaftigkeit leitet viele glückliche Langzeitpaare. Liebe braucht Zeit, um zu reifen.

Romantik

Hießen nach Auffassung der Soziologen die Schlagwörter des Liebescodes in den späten 1968er-Jahren Emanzipation und Diskussion, so heißen sie jetzt Pragmatik und Romantik. Das befreit Beziehungen davon, alles totzudiskutieren, und gibt mehr Platz für die Romantik. Die Liebe kann wieder romantischer werden, und dies ebnet den Weg für eine neue, entspanntere und realisierbarere Form von Romantik. Die Orientierung an Pragmatik und Romantik befreit uns von der Last, alles zu wollen und alles zu sein.

Pragmatik und Romantik sind die beiden Säulen, auf denen gute Liebesbeziehungen basieren.

Die acht wichtigsten Strategien

Was wir tun können und was wir lassen sollten, umfasst insgesamt acht Strategien:

→ Ziehen Sie keine Vergleiche
→ Managen Sie Ihre Erwartungen
→ Seien Sie alltäglich romantisch
→ Pflegen Sie das Zusammengehörigkeitsgefühl
→ Lösen Sie Konflikte konstruktiv
→ Verhalten Sie sich wertschätzend
→ Sorgen Sie für Aufregung im Alltag
→ Bleiben Sie offen für Veränderung.

2. Kapitel
Ziehen Sie keine falschen Vergleiche

Falsche Vergleiche machen schlechte Stimmungen

Eine der häufigsten Quellen von Unlust und schlechten Stimmungen sind falsche Vergleiche. Wer vergleicht, verliert! Vermeiden Sie daher falsche Vergleiche. Das ist leichter gesagt als getan. Auf der anderen Seite ist es heute wichtiger denn je, Ihre Beziehung vor falschen Vergleichen zu schützen.

Es gibt im Wesentlichen drei Vergleichsmöglichkeiten, die eine Beziehung belasten:

→ Sich mit anderen vergleichen
→ Die eigene Beziehung mit anderen Beziehungen vergleichen
→ Die gegenwärtige Beziehung mit dem Anfang vergleichen

Schon eine dieser Varianten ist ungünstig, alle zusammen sind ein tödlicher Cocktail. Wir haben heute unendlich viele Vergleichsmöglichkeiten. Wir halten uns zwar für halbwegs nett, freundlich, gesellig und kinderfreundlich, aber da draußen gibt es ein Heer von Menschen, die netter, begabter, perfekter, witziger und so weiter sind. Was immer wir uns wünschen zu sein, stets treffen wir auf andere, die »besser« sind. Der Vergleich mit ihnen jedoch erzeugt eine permanente Unzufriedenheit in einem selbst und einen Vertrauensverlust innerhalb der Partnerschaft. Es entsteht ein Klima, das die Eifersucht fördert: Wir vergleichen uns und den Partner ständig mit anderen, ahnen, dass er oder sie es umgekehrt genauso mit uns macht – und haben dann oft Angst, nicht zu genügen. Eine der problematischsten Vergleiche ist, dass es den Richtigen oder die Richtige gibt und dass er oder sie sich aufspüren lässt. Nur: was ist, wenn man glaubt, ihn oder sie gefunden zu haben? Dann bringt schon die kleinste Abweichung von der Perfektion alles ins Wanken.

Ähnliches gilt auch, wenn ich meine eigene Beziehung mit den ungezählten Spielarten der Liebe vergleiche, die heute existieren. Wenn alles möglich ist, wenn sozusagen das große Liebesglück sozusagen hinter jeder Ecke lauert – dann entsteht dadurch ein ungeheurer Vergleichsdruck. Das Risiko liegt darin, dass uns kein Liebespartner und keine Liebesbeziehung mehr wirklich genügt und vollends befriedigt. Da hilft nur eins dagegen: der Wille zu akzeptieren, dass man mit seiner Beziehung eine Menge Möglichkeiten verpasst und trotzdem nicht allzu viel versäumt.

Wenn ich erwarte, dass die Beziehung so bleibt wie am Anfang, ist dies nicht nur eine unrealistische Erwartung, sondern der Vergleich hinkt auch meistens: Die Partnerschaft erscheint in einem schlechteren Licht. Die Alternative zum Vergleichen heißt: sorge dich nicht, liebe – gut ist, was jetzt zwischen uns gut ist.

Gute Stimmung wirkt motivierend

Falsche Vergleiche haben noch eine andere ungünstige Wirkung. Die so entstehende schlechte Stimmung kann dazu benutzt werden, zu zeigen, wie mies man sich fühlt, um beim Partner ein schlechtes Gewissen zu erzeugen, mit der indirekten Aufforderung, dass das Gegenüber sich mehr um mich kümmern soll. Die Gefühle, die dadurch beim Gegenüber hervorgerufen werden – etwa Angst oder Unsicherheit –, sind allerdings alles andere als gute Motivatoren. Sie funktionieren bestenfalls kurzfristig. Gute Stimmung ist ein viel besserer Motivator. Dafür kann man sich entscheiden und aktives Stimmungsmanagement betreiben:

➜ Selbstanalyse: Will ich mit meiner schlechten Stimmung andere manipulieren? Oft spielen wir als Miesepeter nur die Rolle, die uns von anderen zugeteilt wurde und die wir schon früh verinnerlicht haben.

➜ Die Stimmung verbessert sich durch Anerkennung, Lob und positives Feedback.

➜ Gute Laune ist nicht nur ein emotionales, sondern auch ein intellektuelles Gefühl. Wer neugierig und offen bleibt, erlebt auch etwas Unerwartetes, Überraschendes und bleibt geistig in Bewegung.

➜ Man kann sich eine Umwelt suchen, in der generell gute Stimmung herrscht.

Wenn Sie guter Stimmung sind, färbt das ab – auch auf Ihren Partner.

3. Kapitel
Managen Sie Ihre Erwartungen

Der regelmäßige Abgleich von Erwartungen

Wird man glücklicher, wenn man weniger erwartet? Teils, teils. Dauerhaftes Glück zwischen Partnern lässt sich nur erreichen, wenn die Erwartungen realistisch bleiben. Das klingt zwar paradox, ist aber so. Denn wer enttäuscht ist, macht oft den Partner dafür verantwortlich und glaubt dann, er schuldet einem etwas. Man fängt an, Ansprüche einzuklagen, und ist der Meinung, dass man mit seiner Klage im Recht ist. Das eigentliche Problem dabei sind aber die eigenen Erwartungen. Andererseits sollte man die heutigen Qualitätsansprüche auch nicht nur kritisieren. Der bekannte Satz – der Spatz in der Hand ist besser als die Taube auf dem Dach – passt auch nicht immer und für alles. Vernunftehen mögen vernünftig sein, sind aber zu wenig romantisch.

Wenn daher weder der Verzicht auf Erwartungen eine Lösung ist noch das möglichst niedrige Ansetzen viel besser ist, was funktioniert dann? Die Lösung heißt Erwartungsmanagement. So technisch und modisch der Begriff auch klingen mag, für eine gute Partnerschaft ist das Verhandeln und Abgleichen von Erwartungen unverzichtbar. Erwartungsmanagement ist nichts anderes, als die gegenseitigen Erwartungen immer wieder abzugleichen, diese zu synchronisieren – oder festzustellen, dass sich die Erwartungen in unterschiedliche Richtungen entwickeln. Dazu muss man sich einerseits bewusst machen, was die eigenen Erwartungen sind, und andererseits sich überlegen, was der Partner wohl von mir erwartet. Das sind die sogenannten Erwartungs-Erwartungen: Ich erwarte, dass mein Partner erwartet, dass ich an diesem Wochenende nicht arbeite. Erwartungen können nur erfüllt, verhandelt oder als unrealistisch zurückgewiesen werden, wenn man die eigene Erwartungs-Erwartung mit der tatsächlichen Erwartung des Partners abgleicht. Und dies nicht nur einmal, sondern im Grunde fortlaufend. Beziehungen funktionieren offensichtlich nur dann, wenn dieser Erwartungsabgleich regelmäßig erfolgt. Dies nur implizit zu tun in Form von Vermutungen über die gegenseitigen Erwartungen reicht nicht aus. Dafür braucht es eine explizite Form, nämlich im Rahmen eines Gesprächs. Streit oder Konflikte fördern die irgendwann nicht mehr zusammenpassenden ungeklärten Erwartungen zutage. Klar formulierte, realisierbare Erwartungen schaffen Erwartungssicherheit.

Sich für realistische Erwartungen entscheiden

Aus meiner Sicht sind es im Wesentlichen drei Erwartungen, auf die sich eine Partnerschaftsliebe stützen sollte. Das Mindeste, was wir von einem geliebten Menschen einer Partnerschaft erwarten, ist, dass er meine Vorstellungen versteht. Und besonders schön ist es, sollte er viele davon teilen. Dann fühlen wir uns von unserem Partner intuitiv verstanden.

Die zweite Erwartung ist, dass er oder sie sich absichtlich und bewusst auf mein Befinden einlässt. Die Fähigkeit zum Mitgefühl und die Erwartung, Anteilnahme und Mitgefühl des Partners zu bekommen, sind somit wichtige Bausteine.

Die dritte Erwartung ist, dass er oder sie mein Leben interessant macht. Gelingt dies, ist man einem der Todfeinde der Langzeitliebe auf den Fersen: der Routine und Langeweile.

Mit Enttäuschungen leichter umgehen

Neben dem Abgleich von Erwartungen erscheint mir der Umgang mit Enttäuschungen ebenso wichtig zu sein. Enttäuschungen sind praktisch unvermeidlich – selbst bei noch so gutem Erwartungsmanagement. Wie kann man lernen, Enttäuschungen leichter zu bewältigen? Im Grunde sind es folgende Schritte:

➔ Überprüfen Sie automatische Erwartungen. Diese basieren häufig auf »Sollen« und gelten meist implizit als richtig und unstrittig. Daraus entsteht eine »Tyrannei des Sollens«. Fokussieren Sie anstelle des »Sollen« auf die Einzigartigkeit Ihres Partners.

➔ Erwartungen immer wieder loszulassen, um sie flexibel der inneren und äußeren Situation anpassen zu können. Ist unsere Beziehung gerade durch die Kinder stark absorbiert? Oder durch den Beruf? Brauche ich mal Zeit für mich? Haben wir eine halbe Stunde Zeit für Sex, oder steht uns der ganze Vormittag zur Verfügung?

➔ Dem Partner keine bösartigen Absichten unterstellen und das »Nein« nicht auf die eigene Person beziehen. Für ein »Nein« kann es viele Gründe geben.

→ Den einen oder anderen »Korb« einstecken, ohne gleich zu-
rückzuschießen. Sich dabei an die »Tit-for-two-Tats«-Regel
halten: Sei nur fies, wenn dein Partner es zweimal hinterein-
ander war. Sei ansonsten freundlich.

→ Sich wappnen. Liebesbeziehungen haben eine eingebaute
Enttäuschungsgarantie. Wer um diesen Sachverhalt weiß
und auch sonst nicht allzu viele falsche Vorstellungen über
Partnerbeziehungen mit sich herumschleppt, ist zumindest
kognitiv besser gegen Enttäuschungen gewappnet – und
kann vielleicht sogar daran wachsen.

→ In jedem Fall müssen die Erwartungen mit den eigenen Möglichkeiten und denen des Partners Schritt halten.

4. Kapitel
Seien Sie alltäglich romantisch

Hollywood kennt vor allem die großen Gefühle. Glückliche Paare halten mehr von den kleinen Gesten der Liebe. Haben sich
zwei Menschen aufeinander eingelassen, so suchen sie immer
wieder gegenseitig die Aufmerksamkeit des anderen. Gelingt
uns dies, so fühlen wir uns mit ihm verbunden. Bindung ist
nichts Abstraktes, und das chemische Pendant dazu heißt Oxytocin. Das behagliche Gefühl der Geborgenheit verdanken wir
unter anderem diesem Bindungshormon. Hinzu kommt: Oxy-
tozin beruhigt. Es senkt den Blutdruck, die Herzschlagrate und
die Konzentration von Stresshormonen. Bereits bloßer Körperkontakt, zum Beispiel eine Massage und Körperwärme, können
zur Ausschüttung dieses Hormons führen – und zwar bei beiden
Geschlechtern.

Zuneigung zeigen durch Zuwendung
Der amerikanische Paarforscher John Gottman hat durch seine
jahrelangen Videoanalysen von Paaren herausgefunden, dass
es drei Möglichkeiten gibt, auf die Kontakt- und Annäherungs-

versuche des Partners zu reagieren: Man kann sich dem Partner zuwenden, man kann sich von ihm abwenden, oder man kann sich sogar gegen ihn wenden. Wie jeder Paartherapeut bestätigen kann, hängt das Glück einer Partnerschaft ganz und gar davon ab, in welchem Maße wir uns für eine dieser drei Reaktionsmuster entscheiden – ich wähle bewusst das Wort »entscheiden«.

Sich dem Partner zuwenden

Unter Zuwendung lässt sich jede positive Reaktion auf den Partner verstehen: Sie lächeln zurück, wenn Ihr Partner Sie anlächelt, Sie sehen hin, wenn er Sie auf etwas aufmerksam macht z.B. während einer Autofahrt, er sagt etwas, Sie gehen darauf ein und so weiter. Nichts Spektakuläres, kein großes Kino, kein intellektueller Durchstieg. Inhaltlich mag dabei tatsächlich wenig rüberkommen, und die Lektüre eines spannenden Buches hat bestimmt mehr Tiefgang. Aber um den Inhalt geht es auch nicht primär, sondern um den Austausch von Gefühlen durch die wechselseitige Bestätigung der Bindung: ich habe dich gehört, ich verstehe dich, ich empfinde ähnlich.

Sich vom Partner abwenden

Dazu gehören alle Formen von Ignoranz: Der Partner sucht Kontakt, und der andere reagiert nicht darauf, indem er z.B. eisern schweigt. Der Partner möchte reden, und man hält weiter die Zeitung vors Gesicht und brummt ein bisschen vor sich hin. Weil niemand vollkommen ist, ist gelegentliches Ignorieren des Partners, das zudem meist ohne jede Absicht geschieht, kein Betriebsunfall für die Beziehung. Es sollte aber unter keinen Umständen zum Normalfall werden. Dass sich viele Partner gegenüber Dritten wesentlich zugewandter verhalten als gegenüber dem eigenen Partner, ist leider weit verbreitet. Daran sieht man, dass zugewandtes Verhalten nichts mit Können, sondern mit Wollen zu tun hat.

▸ Seien Sie alltäglich romantisch

Sich gegen den Partner wenden

Das ist die dritte Möglichkeit, auf Kontaktversuche des Partners zu reagieren. Hierzu zählen Kritik, Beleidigung, Zynismus und Sarkasmus und die bewusste Verweigerung von Hilfe und Unterstützung.

Selbstöffnung der Partner sind Sternstunden der Zuwendung. Der Stoff, aus dem im Alltag dauerhafte Zuneigung entsteht, ist die stete Zuwendung. Die scheinbare Belanglosigkeit verbalen Alltagsgeplänkels verbindet.

Trost und Ermutigung spenden

Unser Bedürfnis nach Trost und Ermutigung endet nicht mit unserer Kindheit. Deshalb besteht eine wichtige partnerschaftliche Tugend darin, seinem Partner Trost und Ermutigung zu geben und offen zu sein für Versagen, Enttäuschungen, Trauer, Krankheit und Alter. Trost und Ermutigung zu geben, bedeutet nicht – wie das gerne geschieht –, den Partner wie ein Kind zu behandeln.

Es beginnt mit der genauen Einschätzung dessen, was den anderen betrübt, und darauf folgt das Bemühen, seinen Kummer zu lindern. Trost beruht auf beidseitigem Verstehen und echter Fürsorge. Dabei wollen wir meist gar nicht, dass uns unsere Sorgen abgenommen werden, und wir wollen auch nicht, dass jemand für uns die Welt verändert. Aber wir wollen, dass jemand da ist, uns zuhört, und wir erwarten, dass dieser Mensch um unsere Ängste, Verletzungen und Frustrationen weiß.

Zum Gelingen kann man einiges selber beitragen, indem man dem anderen seinen Kummer und seine Sorgen mitteilt. Nicht immer blickt man jedoch bei sich selber durch oder mag sich erklären. Die Fähigkeit des Partners, die Körpersprache zu entschlüsseln, macht sich in einer Partnerschaft bezahlt, weil sie uns ermöglicht, den Partner zu unterstützen und aufzubauen, auch wenn er nichts sagt. Der Anspruch, immer und jederzeit über seine Gefühle und Empfindungen Bescheid zu wissen und diese in Sprache zu fassen, ist eine tendenzielle Überforderung.

Erfolgreiche Paare haben die Fähigkeit erlernt, zwischen den Zeilen zu lesen: Sie können die feinen Nuancen zwischen Müdigkeit, Erschöpfung, Traurigkeit, Verzweiflung, Ärger, Zorn, Jammern, Hilflosigkeit, Selbstzweifel und so weiter unterscheiden. Manchmal spricht Schweigen Bände.

Lösen wir uns also von der mittlerweile selbstverständlichen Erwartung, alles zu kommunizieren und zu diskutieren nach dem Motto: Wenn er oder sie nichts sagt, dann hat er oder sie eben Pech gehabt!

Dem Partner Trost und Ermutigung zu spenden, erfordert nichts Spektakuläres von uns. Es geht darum, den Partner nicht mit seinem Anliegen allein zu lassen, sondern Interesse an den Sorgen des anderen zu zeigen. Darauf kommt es an. Das Gefühl, bei den Alltagsschwierigkeiten vom anderen Trost und Ermutigung zu erhalten, schweißt zwei Menschen zusammen.

Allerdings reicht es nicht, wenn es einen gibt, der für den anderen da ist. Der andere muss sich auch unterstützen lassen. Zur Unterstützung gehören somit zwei, sie spielen im Duo. Fehlt diese Bereitschaft, läuft Anteilnahme ins Leere, und man braucht sich nicht zu wundern, wenn sich der Partner eines Tages frustriert zurückzieht. Als Mann muss man lernen, den Einfluss seiner Frau zuzulassen. Diese Fähigkeit stellt ein wichtiges Erfolgskriterium einer Partnerschaft dar. Und man muss sein Bedürfnis, die Probleme seiner Partnerin lösen zu wollen, zügeln. Meist gut gemeint geht der Schuss oftmals nach hinten los, denn wenn es sich nicht gerade darum dreht, die Reifen am Auto Ihrer Frau zu wechseln, lassen sich viele andere Probleme nicht so leicht oder gar nicht lösen. Nicht zu vergessen, dass unsere Partnerinnen über eine Lösung selbst schon lange nachgedacht haben. Sofortlösungen erwecken leicht den Eindruck, als wollte man die Sache möglichst schnell hinter sich haben. Damit hat aber die Partnerin das Gefühl, abgebügelt zu werden, und das erlebt sie in aller Regel als Desinteresse an ihrer Person.

Hören wir also mit dem »Beziehungsohr« und weniger mit dem »Sachohr«. Bei allen Problemen und Schwierigkeiten, die

▸ Seien Sie alltäglich romantisch

sich nicht eins, zwei, drei lösen lassen, ist unsere Anteilnahme das Beste, was wir unserem Partner geben können.

Die Möglichkeiten der emotionalen Unterstützung des Partners sind insbesondere:

→ Verständnisvolles Zuhören
→ Mithilfe bei der Umbewertung der Situation
→ Mithilfe zur Gefühlsberuhigung
→ Solidarisierung mit dem Partner
→ Glaube an den Partner
→ Ermutigung
→ Trost durch körperliche Berührung

Von diesen Unterstützungen kann es nie genug geben.

Einfühlungsvermögen zeigen

Man könnte annehmen, dass sich Partner umso besser kennen, je länger sie miteinander verbandelt sind. Für einen Teil stimmt dies. Für die Mehrzahl aber gilt das Gegenteil: Je länger sie zusammen sind, desto weniger wissen sie, was im Kopf des anderen vor sich geht. Es ist, als hätten die Partner im Laufe der Jahre eine Art »Das-kenne-ich-doch-schon-längst«-Standpunkt eingenommen. Sie glauben, genau zu wissen, was ihr Partner denkt und fühlt, doch das entspricht oft nicht den Tatsachen. Und so nimmt das Einfühlungsvermögen ab und damit die Romantik.

Sich in den Partner hineinzuversetzen, funktioniert nicht ohne Bemühen. Wir müssen uns dafür entscheiden, und das heißt als Erstes, den Standpunkt »Ich weiß schon, was jetzt kommt« aufzugeben. Die Triebfeder hierfür sind Neugierde und Interesse. Nichts wirkt auf einen anderen Menschen so anziehend wie das Interesse, das wir ihm entgegenbringen. Es hat durchaus eine erotische Qualität. Dies gilt nicht nur für das erste Rendezvous mit einem Menschen, sondern lässt sich auch auf Dauer nutzen. Interesse vermittelt sich zum einen durch Zuhören – etwas, das vielen von uns in einer Zeit der lauten und spektakulären Töne schwerfällt. Zum anderen durch Fragen, die wir an unseren Partner richten. Diese reichen von »Wie war dein Tag?« bis zu »Was beschäftigt dich gerade?« oder »Wie stellst du dir unser Leben in fünf Jahren vor?«

Intimität zwischen Partnern ist nichts Geheimnisvolles. Zuwendung ist ein Teil, Interesse ein weiterer. Verstehen, wie der andere »tickt«, ein dritter. Manche haben dafür eine intuitive Ader, andere müssen sich darum bemühen: Der Königsweg ist zuhören und nachfragen. Daraus entsteht mit der Zeit eine wachsende Vertrautheit. Wer lernt zuzuhören, was der Partner sagt, und nachzufragen, was ihn interessiert, und diese Informationen dazu verwendet, ihn oder sie zu verstehen, kann sein eigenes Verhalten danach ausrichten. Er muss es allerdings auch wollen.

Positives Denken

Eine gute Partnerschaft beginnt vereinfacht gesagt im Kopf. Damit meine ich einen bestimmten Denkstil. Paare, deren Beziehung unter keinem guten Stern steht, neigen zu einem vorwurfsvollen Denkstil. Missgeschicke ihres Partners legen sie als schlechte Charaktereigenschaften aus. Das Verhängnisvolle daran ist: Auch positive Verhaltensweisen werden in das negative Denkschema gepresst nach dem Motto: Er macht es nur, weil ich es ihm gesagt habe. Erfolgreiche Paare argumentieren genau umgekehrt. Wenn etwas schiefläuft, schieben sie das eher auf äußere Umstände und machen nicht grundsätzlich den Partner dafür verantwortlich. Dadurch wird dieser entlastet. Positive Verhaltensweisen deuten sie als Zeichen des guten Charakters des anderen. Meine langjährigen Erfahrungen haben mich zu der Erkenntnis geführt, dass die Art und Weise, wie wir uns das Verhalten unseres Partners erklären, entscheidend zum Erfolg oder Misserfolg unserer Beziehung beiträgt. Wenn Sie also eine glückliche Beziehung möchten, sollten Sie lernen, die Verhaltensweisen Ihres Partners in ein positives Licht zu stellen.

Wussten Sie schon, dass Liebe durch verzerrte Wahrnehmung entsteht: Der eigene Partner wird als einmalig und besonders er-

► Seien Sie alltäglich romantisch

lebt, obwohl die Unterschiede zu anderen potenziellen Partnern vielleicht gar nicht so groß sind. Die amerikanische Beziehungsforscherin Sandra Murray prägte für solcherlei Überschätzung des Partners den Ausdruck »positive Illusionen«. Sie fand heraus, dass diese der Beziehung zuträglich sind, stärken sie doch die Auffassung, den einzig Richtigen gefunden zu haben. Wer seinen Partner positiver wahrnimmt, als dieser sich selbst sieht oder gute Freunde ihn sehen, und die Schwächen des Partners herunterspielt, ist zufriedener und erlebt seine Partnerschaft als weniger konflikthaft. Für den Partner ist diese Aufwertung in der Regel ebenfalls positiv, solange es ihm noch realistisch erscheint. Durch die rosarote Brille werden mehr positive Ereignisse und Erlebnisse mit dem Partner erinnert, negative aber dennoch realistisch beurteilt.

Wie mehrere Studien belegen, sind die Paare am zufriedensten, die sowohl an das Schicksal als auch an das Wachstum von Beziehungen glauben. Das heißt: Partner, die von Anfang an das Gefühl hatten, gut zueinanderzupassen, und dennoch glauben, dass ihre Beziehung wachsen und reifen kann. Wer auf das grundsätzliche Entwicklungspotenzial von Beziehungen vertraut, denkt auch anders über seinen Partner und seine Partnerschaft. Er macht zum Beispiel für Probleme in geringerem Ausmaß seinen Partner verantwortlich, erachtet Schwierigkeiten eher als veränderbar und glaubt stärker an die grundsätzliche Fähigkeit des Partners, auch zukünftige Schwierigkeiten in der Beziehung bewältigen zu können. Wer seine Beziehung als eine Chance für gemeinsames Wachstum versteht, sieht in Meinungsverschiedenheiten nicht gleich ein Todesurteil für die Partnerschaft, hält die Unterschiede zwischen Frauen und Männern für nicht so gravierend und gibt dem Miteinander einen hohen Stellenwert.

Zuwendung durch liebenswürdige Kleinigkeiten

Sich dem Partner zuwenden, zuhören, für ihn da sein, ihm Trost und Ermutigung spenden sind wichtige Elemente einer alltäglichen Romantik. Auch die Liebeserklärung. Es gehört aber noch etwas dazu, und das ist mit ein wenig mehr Aufwand verbunden, als die ganz großen Gefühle zu offenbaren. Es sind die kleinen, alltäglichen Gesten unserer Zuneigung, die wir dem Partner Tag für Tag machen können. Liebenswürdige Kleinigkeiten brauchen keine Auszeit und keinen Abflug in den siebten Himmel der Liebe, sondern sind Teil unseres banalen Alltags: beim gemeinsamen Aufräumen, beim Kaffeetrinken, beim Tageschau gucken, beim Einkauf im Supermarkt, auf dem Nachhauseweg vom Elternabend, dem abendlichen Hundespaziergang. Glückliche Paare zeigen sich ihre Zuneigung, wann immer es geht. Haben Sie schon einmal beobachtet, wie oft und mit welch kleinen Gesten sich glückliche Langzeitpaare berühren, sich einander unambitioniert zuwenden und auch im Kreis von anderen Gesten ihrer Zuneigung und ihrer Bindung demonstrieren. Solche Paare umgibt eine Aura von inniger Zuneigung. Ihre Geheimnisse sind banal, aber gewollt: zuhören, füreinander da sein, Zuneigung zeigen, wann immer es geht, Romantik beim Geschirrspülen. Nicht mehr, aber auch nicht weniger.

Befragt man, wie dies der englische Psychologieprofessor Richard Wiseman getan hat, Frauen und Männer getrennt danach, was sie denn überhaupt für romantische Liebesbeweise vom anderen Geschlecht kennen und schätzen, stellt sich heraus, dass Wunsch und Wirklichkeit ziemlich auseinanderklaffen. 53% der Frauen gaben an, dass ihr Mann sie noch nie zu einem aufregenden Überraschungswochenende eingeladen habe. Und 45% hatten noch nie die Jacke übergeworfen bekommen, wenn ihnen kalt war. Nur 11% der Männer glaubten, dass Frauen hören wollen, »du bist die schönste Frau auf der Welt«. Dabei stand das bei Frauen ganz oben auf der Liste. Umgekehrt gaben Frauen an, sich über materielle Dinge wie teure Unterwäsche deutlich weniger zu freuen wie über kleine Gesten.

Was sich auf den ersten Blick wie ein Armutszeugnis für die Männer liest, hält Wiseman für ein Liebesmissverständnis zwischen den Geschlechtern. Der Mangel an romantischen Gesten

▸ Seien Sie alltäglich romantisch

durch Männer liegt nicht an Faulheit oder mangelnder Zuneigung, sondern daran, dass sie einer Fehleinschätzung aufsitzen. Wer also als Mann denkt, dass die Freude über Unterwäsche von Palmers zu Weihnachten die ganzen anderen Jahreszeiten hält, liegt böse daneben. Hat man mal begriffen, wie das andere Geschlecht tickt, ist es gar nicht so schwer, als Mann zu punkten: eine Tasse Tee oder eine Wolldecke, sich mit ihr gegen ihren Chef solidarisieren, ein kleiner Zettel mit einem Kompliment, die Reifen ihres Autos wechseln – aber bitte zeitnah und verbindlich.

5. Kapitel
Pflegen Sie das Gefühl
von Zusammengehörigkeit

Die Dritte im Bunde – Ihre Beziehung

Stellen Sie sich folgende Situation vor: Ihre Partnerschaft wäre ein Wesen oder eine Person aus Fleisch und Blut. Nehmen Sie dazu einen leeren Stuhl, auf den Sie Ihre Partnerschaft setzen. Was glauben Sie, wie es ihr bei Ihnen geht? Was bräuchte sie von Ihnen und Ihrem Partner, dass sie sich bei Ihnen wohlfühlt? Womit könnten Sie sie verjagen?

Eine ungewohnte Perspektive – insbesondere heutzutage. Die Partnerschaft über die Interessen und Bedürfnisse der Partner zu stellen war früher das Maß aller Dinge. Durch den Wertewandel der letzten 20 Jahre, der auch vor unseren Beziehungen und Partnerschaften nicht haltgemacht hat, haben wir gelernt, uns selbst wichtiger zu nehmen und uns gegen jede Form von Vereinnahmung zu wehren. Viele Menschen sind heute besser in der Lage, für ihre Interessen in einer Partnerschaft einzutreten, als das früher der Fall war. Dies hat aber auch eine Kehrseite: Wenn man es damit übertreibt, betrachtet man die Partnerschaft nur aus seinem eigenen Blickwinkel, und dieser ist mit den Interessen der Partnerschaft nicht zwangsläufig identisch.

Was einem selbst völlig gerechtfertigt erscheint, kann aus Sicht der Beziehung das Gegenteil davon sein. Eine Partnerschaft besteht aus drei Elementen: dem »Ich«, dem »Du« und dem »Wir«. Im Sinne einer alltäglichen Romantik müssen wir die Dinge wieder mehr aus einer Wir-Sicht sehen. Glückliche Paare haben einen einfachen Grundsatz: Sie halten die Beziehung hoch.

Die dauerhafte Pflege eines Zusammengehörigkeitsgefühls, bei dem die jeweilige Unabhängigkeit nicht verloren geht, ist ein wichtiger Baustein einer auf Romantik und Pragmatik basierenden Partnerschaft.

Das Wir-Gefühl verleiht der Partnerschaft die Kraft, gegen die unausweichlichen Frustrationen und Versuchungen des Lebens anzukämpfen. Es vermittelt uns zudem das Gefühl, ein eigenes Territorium geschaffen zu haben, in dem wir die Regeln aufstellen. Im Gegensatz zu vielen anderen Bereichen unseres Lebens haben wir hier allein das Sagen. Es mag paradox klingen: Die Tatsache, dass wir in den letzten 20 Jahren gelernt haben, unsere Unabhängigkeit zu wahren, gereicht uns jetzt zum Vorteil, uns wieder stärker als Teil eines Paares zu sehen und die Interessen der Partnerschaft wieder höher einzuschätzen.

Das »Wir« wieder stärker betonen

Wie aber kann dieser notwendige Perspektivenwechsel auf das »Wir« erfolgen?

Der erste und wichtigste Schritt ist, dass Sie umdenken. Aus reiner Ich-Sicht muss sich das, was Sie Ihrem Partner Gutes tun, möglichst eins zu eins auszahlen, sonst ist es ein einseitiges Opfer. Sie rechnen also »spitz« ab: Einzahlung gegen Einzahlung, jeder gibt und nimmt, und das zu 100% ausgeglichen.

Wenn Sie dies aus der Wir-Sicht betrachten, stellen sich die Dinge anders dar. Jedes Mal, wenn Sie Ihrem Partner etwas Gutes tun, dann ist das kein Opfer, sondern Sie geben sich selbst etwas, indem Sie das Wir fördern. Dieses Wir aber ist nichts anderes als Ihre Partnerschaft. Was Sie einzahlen, kriegen Sie durch eine innige Partnerschaft wieder zurück.

▸ Pflegen Sie das Gefühl von Zusammengehörigkeit

Wenn sich beide Partner an dieses Prinzip halten, bauen sie sich ein emotionales Polster auf, von dem sie vor allem in zwei Situationen profitieren:

Streit

Es gelingt ihnen, auch im Streit noch freundlich aufeinander einzugehen, sodass dieser nicht vollkommen eskaliert.

Durststrecken

Ihr emotionales Beziehungspolster hilft ihnen auch über Durststrecken hinweg, die es in jeder Partnerschaft gibt. Auch wenn mal wenig läuft, können Sie eine Zeit lang von den »Ersparnissen« leben.

John Gottman verwendet für diese Vorgänge den Begriff des Beziehungskontos. Für ihn ist es eine Art Glücksformel, die zu einer positiven Gefühlsbilanz beiträgt.

Das Beziehungskonto oder emotionale Polster muss man sich so vorstellen, dass wir dauernd in unsere Beziehung einzahlen oder von ihr abheben. Und das funktioniert so: Tun wir unserem Partner etwas Nettes, freut ihn das – jedenfalls im Normalfall. Wenn dies nicht nur einmal stattfindet, freut er sich mehrfach. Eine Einzahlung kann alles Mögliche sein, womit Sie Ihrem Partner Ihre Zuneigung zeigen. Hier einige Beispiele dafür, welche Ereignisse als Wertschätzung bzw. Herabsetzung wirken können:

Beispiele für Einzahlungen

- ➜ Hilfe spüren
- ➜ Unterstützung erhalten
- ➜ Ermutigt werden
- ➜ Zuspruch bekommen
- ➜ Aufforderungen haben Erfolg
- ➜ Ansichten werden geteilt

Beispiele für Abhebungen

- ➜ Ignoriert werden
- ➜ Abwendung spüren
- ➜ Im Stich gelassen werden
- ➜ Vorwürfe zu hören bekommen
- ➜ Zweifel spüren
- ➜ Unterbrochen werden

- ➜ Zustimmung wird geäußert
- ➜ Entgegenkommen spüren
- ➜ Vor anderen gut dastehen können
- ➜ Positive Rückmeldung bekommen
- ➜ Freude und Begeisterung erfahren
- ➜ Lob erhalten
- ➜ Anerkennung spüren
- ➜ Zärtlichkeit bekommen
- ➜ Einlenken des anderen
- ➜ Geschenke bekommen
- ➜ Aufmerksamkeit spüren
- ➜ Angelächelt werden
- ➜ Gestreichelt werden
- ➜ Anerkennung bekommen
- ➜ Mitgefühl spüren
- ➜ Interesse wecken
- ➜ Vorschläge werden angenommen
- ➜ Wunsch wird erfüllt

- ➜ Leistungen werden herabgesetzt
- ➜ Fehler werden aufgezählt
- ➜ Widerspruch hervorrufen
- ➜ Ironische Reaktion
- ➜ Angegriffen werden
- ➜ Bloßgestellt werden
- ➜ Hilfe wird verweigert
- ➜ Schreien
- ➜ Kommandiert werden
- ➜ Missachtung spüren
- ➜ Beleidigt werden
- ➜ Eisiges Schweigen
- ➜ Keine Antwort erhalten
- ➜ Desinteresse spüren
- ➜ Übergangen werden
- ➜ Versprechen werden nicht gehalten
- ➜ Privilegien werden vorenthalten
- ➜ Rechte werden abgesprochen
- ➜ Keine Anerkennung bekommen
- ➜ Ablehnung spüren
- ➜ Unrecht bekommen
- ➜ Lächerlich gemacht werden

Quelle: Schindler et al., 1999

Wenn Partner laufend abheben und nie etwas einzahlen, werden sie mit ihrer Partnerschaft bald Konkurs machen. Steckt man erst einmal tief in den Schulden, ist die Gefahr groß, dass man aufgibt.

Um einen positiven emotionalen Überschuss zu erwirtschaften, müssen die Einzahlungen deutlich über den Abhebungen

▸ Pflegen Sie das Gefühl von Zusammengehörigkeit

liegen. Nach Gottman ist das Verhältnis fünf zu eins. Damit die Bemühungen der Partner nicht ins Leere laufen, kann es notwendig sein, sich darüber zu verständigen, was »Einzahlungen« und was »Abhebungen« sind. Unterschiedliche Währungen und komplizierte Kurswechsel können den Erfolg schmälern. Auch wenn es gut läuft, ist ein diesbezüglicher Check sinnvoll: Man weiß ja nie, ob der aktuelle Kurs noch gültig ist.

Das Plus auf der Beziehungsseite ergibt sich nicht von selbst. Man muss etwas einzahlen oder investieren, womit wir wieder bei dem Grundsatz wären, dass Liebe ein aktiver Prozess ist. Mit vielen kleinen Einzahlungen im Sinne kleiner Liebenswürdigkeiten und Aufmerksamkeiten erreichen wir eine Menge.

Die Wir-Seite wieder mehr in den Blick zu nehmen, heißt nicht, sich grenzenlos aufzuopfern und auf die eigene Individualität zu verzichten. Aber das wissen wir mittlerweile und können auch danach handeln. Dass der Aufbau eines Zusammengehörigkeitsgefühls dennoch nicht schmerzfrei und ohne Widerstände über die Bühne geht, liegt auf der Hand. Niemand findet sich so leicht damit ab, sein Ego nicht so wichtig zu nehmen.

Die wirksamste aller Methoden ist, das Wir-Gefühl zu erleben. Je öfter dies geschieht, umso weniger müssen wir uns darin üben: es wird uns selbstverständlich.

Gemeinsame oder ähnliche Werte

Mit dem Partner total zu verschmelzen ist eine Überforderung. Richtig und unverzichtbar ist das blinde Verständnis eigentlich nur in einer Sache: dass der Partner eine vergleichbare Intensität des Gefühls verspürt wie man selbst. Gibt es daran Zweifel, ist die Liebe von Anfang an ein Wechselbad der Gefühle.

Wichtiger als Verschmelzung sind gemeinsame oder ähnliche Werte. Man muss nicht die gleiche Partei wählen, aber eine völlig konträre politische Haltung ist dem Wir-Gefühl abträglich. Wenn der eine nur geistige Genüsse schätzt und andere nur Materielles, ist das auch nur eingeschränkt kompatibel. Wenn der eine ein Morgenmuffel und der andere ein Frühaufsteher ist, fehlt etwas: zum Beispiel das gemeinsame Frühstück oder der Sex davor. Natürlich sind Kompromisse möglich, sie machen aber immer auch deutlich, dass man nicht dieselbe Wellenlänge hat. Und sie kosten Kraft.

Gegensätze ja, aber das Wir-Gefühl ist größer, wenn die Ähnlichkeiten überwiegen. Aus ähnlichen und gemeinsamen Werten entstehen Rituale, die die Liebe im Alltag zu erhalten helfen. Rituale sind wie kleine Leuchtfeuer, die die Alltäglichkeit der Liebe aufwerten. Dazu gehört nicht zuletzt, dass wir uns immer wieder gern aufs Neue erzählen, was wir empfanden, als wir zum ersten Mal unserem Partner begegnet sind. Rituale sind Handlungen, gehen aber über das Reden von oder über die Liebe hinaus. Die Fähigkeit, schöne Erlebnisse zu ritualisieren, ist ein wichtiger Aspekt des Gefühls der Zusammengehörigkeit.

Wenn Sie möchten, können Sie selbst solche Rituale in Ihr Paar- und Familienleben einbauen wie zum Beispiel:

➜ Ein wöchentliches Treffen nur für Sie beide, ohne die Kinder
➜ Rituale für schlechte Zeiten, Rückschläge, Müdigkeit oder Erschöpfung
➜ Rituale, wie man in Verbindung mit Verwandten und Freunden bleibt
➜ Feiern von Erfolgen – zelebrieren Sie fast jede kleinere oder größere Errungenschaft und schaffen Sie eine Kultur des Stolzes und des Lobens in Ihrer Partnerschaft.

Eine Partnerschaft bedeutet nicht nur, Kinder aufzuziehen, Pflichten aufzuteilen und miteinander zu schlafen. Partnerschaft kann auch eine spirituelle Dimension haben, die ein inneres gemeinsames Leben verlangt, eine Kultur, die reich an Symbolen und Ritualen ist, und einen Sinn für die Rollen und Ziele schafft, die ein Paar miteinander verbindet.

➤ Pflegen Sie das Gefühl von Zusammengehörigkeit

6. Kapitel
Lösen Sie Konflikte konstruktiv

Harmonie braucht auch Streit

Eine Partnerschaft ist keine konfliktfreie Zone. Weil man ständig zusammen ist und unter wechselseitiger Dauerbeobachtung steht, nimmt man alles persönlich. Es fehlt der Abstand. Die Folge sind Missverständnisse, Kränkungen, Konfrontationen und Streit. Streiten ist grundsätzlich nichts Schlechtes. Schon Johann Wolfgang Goethe wusste: »Im Ehestand muss man sich hin und wieder streiten, sonst erfährt man ja nichts voneinander!« Der Streit zeigt auch, dass überhaupt Interesse besteht und der andere einem nicht völlig gleichgültig ist. Insofern verbindet Streit, aber nicht nur. Er trennt auch.

Der größte Spaß am Streiten kommt dann zustande, wenn zwei gleich starke Partner aufeinandertreffen. Hat man das Glück, einen solchen Partner zu haben, kann Streiten lustvolle Qualitäten haben: It's fun to compete! Es macht Spaß zu wetteifern.

Hat man das Glück nicht, muss man sich anderweitig behelfen. Es gibt einige wichtige Regeln, die es zu beachten gilt.

Hilfreiche Streitregeln

Sanfter Auftakt

Wenn Sie das Streitgespräch mit einer deftigen Attacke beginnen, haben Sie schon fast verloren. Bereits die Eröffnung des Streits legt in hohem Maße fest, wie sich der weitere Schlagabtausch entwickelt und wie er enden wird. Tragen Sie den Anlass Ihres Streitgesprächs in nichtanklagender Kritik vor. Das Prinzip hierbei ist, nicht nur anzuklagen, sondern auch zu sagen, warum man an diesem Punkt so empfindlich ist. Das nimmt dem Angriff die Schärfe.

Gleiches nicht mit Gleichem vergelten

Wenn Sie auf eine vorwurfsvolle Beschwerde Ihre Partners eins draufsetzen, reagieren Sie auf dieselbe Weise: Angriff führt zu Gegenangriff. Jeder behauptet dann, er reagiere ja nur auf den anderen. Besser ist, Sie gehen auf den im Vorwurf liegenden Ärger des Partners ein.

Denken

Üben Sie Vorsicht bei der Ursachenzuschreibung. Wenn Sie alles Ihrem Partner anlasten, ist er schuld. Und dagegen wird er sich reflexartig zu seinem Schutz wehren.

Zeitnahe Entsorgung

Kleine Enttäuschungen, Nachlässigkeiten und Unverträglichkeiten lösen in der Regel Ärger und Zorn aus. Diese gilt es zeitnah zu entsorgen. Andernfalls sammeln sich diese Gefühle auf unserem »Grollkonto« an, ohne dass es der andere mitbekommt. Wenn sich Ärger und Zorn in Groll verwandeln, wirkt dieser wie ein schleichendes Gift. Geschieht eine Entsorgung über einen längeren Zeitraum hinweg nicht, kann sich der angestaute Groll in Wut oder gar Hass verwandeln. Die Entsorgung dieser Gefühle macht allemal mehr Probleme und kommt wesentlich teurer.

Gefühle zulassen

In einem Streit sind oft heftige Gefühle im Spiel, und die wollen zum Zug kommen. Wir sollten daher nicht erwarten, dass Streit nur sachlich-freundliche Klärung bedeutet – selbst wenn wir uns an bestimmte Kommunikationsregeln halten.

Wenn man die Gefühle wegpackt, teilt man dem anderen zu wenig von dem mit, was einem wichtig ist.

Rettungsversuche

Umso wichtiger sind deshalb Rettungsversuche. Darunter versteht man jede Handlung, die dazu führt, den Schaden zu begrenzen: einlenken, nachgeben, sich entschuldigen, Wiedergutmachung leisten, abpuffern, Humor, abkühlen lassen und nochmals starten.

Streitphasen beachten

Es gibt verschiedenen Streitphasen, in denen unterschiedliche Dinge angemessen sind – nämlich einerseits die Phase des »Getümmels« und andererseits eine Phase der »Klärung«. In der Phase des Getümmels wollen die Gefühle erst einmal raus.

Niemand ist im Streit mit dem Partner so freundlich und kooperativ wie in anderen Situationen, und wenn wir versuchen, genau dies zu sein, wird es oft eher künstlich und bleibt an der Oberfläche. Bei Kleinigkeiten reicht es, seinem Ärger oder Zorn einfach Luft zu verschaffen, damit der andere weiß, woran er ist.

Bei wichtigen Themen ist es jedoch gut, hinterher, wenn sich die Gemüter beruhigt haben, noch einmal darüber zu reden. Diese Abkühlungsphase dauert bei Männern länger als bei Frauen. In der Phase der Klärung geht es darum, sich über die unterschiedlichen Wahrheiten zu unterhalten, was in der heißen Phase des Streits oftmals nicht möglich ist. Wenn es Ihnen dabei gelingt, sich diese unterschiedlichen Wahrheiten gegenseitig mitzuteilen und anzuhören, erreichen Sie ein gutes Ende. Die entsprechende Haltung dazu ist: »Ich versuche dich zu verstehen – und das heißt nicht, dass ich auch mit allem einverstanden bin, was du sagst« – und ich weiß, dass auch ich meine Sichtweise gleich mitteilen und dabei auf deine Bereitschaft hoffen kann, mir zuzuhören.

Nicht zu rasch nach Lösungen suchen

Vorschnelle Lösungen tragen häufig nicht, sondern dienen mehr dem Spannungsabbau. Daher sollte man sich erst einmal Zeit dafür nehmen, sich selbst, den anderen und auch die unterschiedlichen Sichtweisen und Wünsche zu verstehen. Es gibt ja immer mindestens zwei Wahrheiten. Eine dritte kann hieraus nur entstehen, wenn die andern beiden auf dem Tisch liegen.

In der Sache hart, aber fair gegenüber Ihrem Partner

Geben Sie Ihrem Partner in dem Maße Bestätigung, in dem sie das Problem ungeschminkt zur Sprache bringen. So bleiben Sie ihm oder ihr gegenüber fair. Dazu gehört auch, dass man auf Schläge unter die Gürtellinie verzichtet. Eine Faustregel könnte sein: Nichts sagen oder tun, wofür ich am anderen Morgen nicht in den Spiegel schauen kann oder was ich mit Sicherheit bereue.

Nicht über unlösbare Probleme streiten

Unglücklicherweise fallen viele Partnerschaftskonflikte in die Kategorie »unlösbar«. Dazu gehören Konflikte, die sich aus der Verschiedenheit der Partner ergeben: Persönlichkeitsmerkmale, Werte, Lebensstil, Einstellungen. Wenn man über diese Differenzen streitet, dann verschwendet man nur seine Zeit und gefährdet seine Partnerschaft. Um eine glückliche Partnerschaft zu leben, müssen Sie nicht zwangsläufig Ihre wichtigsten Probleme lösen. Viel wichtiger ist die Art des Umgangs damit. Feststellbare Unterschiede im Streitverhalten von Paaren ergeben sich nicht daraus, dass die einen Experten in Sachen Streit sind und die anderen nicht; dass die einen sich an sämtliche Regeln halten, während die anderen wild drauflosstreiten. Der entscheidende Unterschied rührt von anderswoher. Die einen sind durch jahrelanges Zusammensein und Bemühen Experten darin geworden, positiv aufeinander zu reagieren und sich gegenseitig liebevoll und nett zu behandeln. Sie sind daran gewöhnt. Und für diese ist es dann, wenn der Streit losgeht, nur ein kleiner Schritt, auf diese Verhaltensweisen zurückzugreifen und mit deren Hilfe den Streit nicht entgleisen zu lassen.

7. Kapitel
Verhalten Sie sich wertschätzend

Der Partner ist anders

Mit sich selbst würden Sie sich perfekt verstehen. Alles wäre deckungsgleich. Wünschenswert? Nein, in der Partnerschaft geht es darum, eine Balance zwischen Konsens und Dissens zu finden. Eine ideale Partnerschaft heißt nicht, dass der Partner ideal ist. Es heißt vielmehr, dass wir lernen, mit den Unterschieden umzugehen. Diese Unterschiede wird es immer geben, in jeder Beziehung. Sie müssen also damit fertig werden, genau wie Ihr Partner mit Ihren Schwächen fertig werden muss. *Partnerwahl heißt Problemwahl. Wer einen Partner fürs Leben wählt, der wählt damit auch eine Anzahl unlösbarer Probleme, mit denen man sich dann die nächsten Jahre und Jahrzehnte herumschlagen muss. Wer sich für einen bestimmten Menschen entscheidet, entscheidet sich für eine Reihe von Eigenschaften, von denen einem viele gefallen und einige nicht – oder umgekehrt. Die Strategie, um Frust und Unlust zu vermeiden, heißt Akzeptanz.*

Akzeptanz bezieht sich insbesondere auf:

Persönlichkeitsmerkmale

Hierzu gehören zum Beispiel Unterschiede im Temperament, in der Vitalität, in der Belastbarkeit. Diese machen die Persönlichkeit eines Menschen, seine Identität aus. Kann man von einem Leoparden verlangen, dass er die Flecken aus seinem Fell entfernt? Das wäre Tierquälerei. Ebenso unsinnig ist es, vom Partner eine Veränderung zu verlangen oder zu erhoffen, die er nur unter großer Selbstverleugnung leisten könnte.

Einfühlungsvermögen

Dass zwei Partner genau gleich viel Einfühlungsvermögen haben, ist die Ausnahme. Männer äußern ihr Einfühlungsvermögen oft anders als Frauen. Aber auch innerhalb der Geschlechter sind die Unterschiede erheblich.

Ordnungsverhalten

Es gibt kaum vergeblichere Mühen, als das Ordnungsverhalten des Partners ändern zu wollen. Die akzeptierende Lösung heißt: der »ordentlichere« Partner muss manches aufräumen, wofür er oder sie nicht zuständig ist, und sich vom »unordentlichen« Partner auf andere Art dafür entschädigen lassen.

Pünktlichkeit

Gehört ebenso wie Ordnungsliebe zu den Eigenschaften, die bei Erwachsenen erstaunlich widerstandsfähig gegen Einflussnahme von außen sind. Einen liebevollen Umgang mit solchen Behinderungen zu erlernen, ist viel förderlicher für eine Partnerschaft als Druck und Vorwürfe. Eine Minute Weckdienst wiegt doch leichter als ein verkorkster Ausflugsstart.

Die Andersartigkeit des Partners akzeptieren

Die Andersartigkeit des Partners nicht zu verurteilen oder zu bekämpfen, sondern zu akzeptieren, ist keine leichte Aufgabe. Auch hier gilt: man muss es wollen. Wie aber kann dieses Wollen aussehen? Wie können Sie Akzeptanz lernen?

Die Position des Vorwurfsvollen aufgeben

Entscheiden Sie sich, die Position des Anklagenden, des Kritikers, der Vorwurfsvollen aufzugeben. Nehmen Sie stattdessen die Position ein, Ihren Partner wirklich kennenzulernen. Versuchen Sie das Anderssein als Bereicherung für das eigene Leben anzusehen.

Veränderbarkeit überprüfen

Könnte Ihr Partner das, was Sie an ihm stört oder nervt, verändern? Wie tief verwurzelt ist die störende Eigenschaft oder ein bestimmtes Verhalten in der Persönlichkeit des Partners? Stört Sie etwas, das zu Ihrem Partner gehört und was er gar nicht ändern kann, selbst wenn er oder sie es wollte? Zur Förderung Ihrer Akzeptanz können Sie sich zudem fragen, ob das, was Sie an Ihrem Partner stört, wirklich wichtig ist. Oft sind es Dinge, die es nicht wert sind, dass man sich deswegen streitet oder verstimmt ist. Spürt Ihr Partner, dass Sie locker lassen, kann es doch noch zu einer Veränderung kommen, da dieser erstmalig wieder das Gefühl hat, er kann sich frei entscheiden, Ihnen dort entgegenzukommen, wo er Handlungsspielraum sieht.

▸ Verhalten Sie sich wertschätzend

Konstruktiver Umgang mit Veränderungswünschen

Wenn Sie sich eine Veränderung von Ihrem Partner wünschen, haben Sie mehr Erfolg, wenn dieser fühlt, dass Sie ihn in seiner Person grundlegend akzeptieren und wertschätzen. Umgekehrt gilt: Damit Veränderungswünsche nicht von vornherein zum Scheitern verurteilt sind, sollte man akzeptieren können, dass im Zusammenleben Anpassung an die Eigenheiten und Wünsche des anderen notwendig ist, und darüber hinaus die Bereitschaft haben, diese Anpassungsleistung an den anderen zu erbringen. Unabhängigkeit innerhalb einer Partnerschaft ist etwas völlig anderes als der individuelle Lebensstil, den die Partner in die Beziehung mitbringen. Wenn Sie den Wunsch Ihres Partners in seiner Berechtigung anerkennen, auch wenn Sie ihn nicht erfüllen können oder wollen, brauchen Sie den Wunsch selbst nicht abzuwerten, und Ihr Partner fühlt sich zumindest verstanden.

Umdenken

Anstatt sich dadurch bestätigt zu fühlen, dass sich Ihr Partner Ihnen angleicht, suchen Sie Ihre Selbstbestätigung in der Unvergleichbarkeit von Ihnen beiden. Gerade weil es in der Liebe auch um Selbstbestätigung geht, sind also eigenständige Egos gefragt. Lassen Sie Ihren Partner die Person sein, die er ist. Sie werden kaum weniger Probleme haben, aber er muss sich nicht unnötig verbiegen. Mit aufrechtem Rücken liebt es sich nämlich viel besser.

Relativität der eigenen Perspektive

In den letzten 20 Jahren haben viele von uns gelernt, unsere eigenen Beobachtungen mitzubeobachten und die Auswirkungen unserer eigenen Handlungen mitzukalkulieren. Was wir wahrnehmen, ist kein wirklichkeitsgetreues Abbild des Partners oder der Situation, sondern immer unsere ganz subjektive Perspektive. Wenn man das einmal verstanden hat, erübrigen sich viele Diskussionen, wer recht hat und was wirklich geschah. Denn das, was wir wahrnehmen, sollten wir nicht automatisch auch für wahr halten. Das Wissen um die Relativität der eigenen Perspektive kann den Weg zu mehr Akzeptanz ebnen.

Minimalkonsens

In einer Langzeitbeziehung sollte ein Minimalkonsens darüber bestehen, welches die unüberwindbaren Gegensätze sind, die man nicht länger ausdiskutieren muss.

Wertschätzung ausdrücken

Den Partner in seiner Andersartigkeit zu akzeptieren ist die eine Seite der Medaille. Die andere ist direkte Wertschätzung seiner Stärken und liebenswerten Gewohnheiten. Dies geschieht im Wesentlichen durch:

Aufmerksamkeit auf die Stärken des Partners lenken

Sie haben die Wahl: Sie können Ihren Partner durch die rabenschwarze Brille betrachten oder die Brille wechseln. Was sind die Stärken und Vorzüge Ihres Partners? Denken Sie sowohl an Dinge, die der Partner für Sie tut, als auch an Charaktereigenschaften, Stärken und liebenswerte Gewohnheiten. Wie würde er oder Sie bei einer fairen Beschreibung abschneiden? Wenn sich jeder von Ihnen in seinen Stärken wahrgenommen weiß, erzeugt allein dieser Umstand Motivation.

Gegenseitige Idealisierung

Wir können nicht nur Dinge ›schönreden‹, sondern auch unseren Partner.

Glückliche Paare nutzen diese Möglichkeit ausgiebig. Sie sehen ihren Partner in einem dauerhaften positiven Licht. Dies schafft einen Zustand, den man als »Verliebtheit light« bezeichnen könnte. Die Bewunderung unseres Partners lässt uns aufblühen. Davon färbt etwas auf uns ab, sodass wir uns nun auch selbst in einem positiveren Licht sehen. Dadurch wiederum fühlen wir uns sicherer und verhalten uns entsprechend – eine Kette positiver Gefühle wird so in Gang gesetzt, die sich selbst ver-

▸ Verhalten Sie sich wertschätzend

stärkt. Im Alltag wirkt die gegenseitige Idealisierung als Puffer, der es einem ermöglicht, die Fehler des anderen zu verzeihen. Die Schwächen des Partners sind damit nicht wegradiert. Aber die Partner geben sich gegenseitig sowohl bei den Schwächen als auch bei den Stärken bessere »Noten«, als sie sich selbst bescheinigen. Um Schönfärberei muss man sich bemühen: durch positive Illusionen, die Pflege gemeinsamer positiver Erinnerungen – ein Konglomerat aus dem ersten Eindruck, den Anfängen der Partnerschaft, bestimmten Ereignissen und Episoden, die der Partnerschaft etwas Besonderes verleihen. Man macht den Partner zum Richtigen.

Wenn die Schönfärberei allerdings über das Ziel hinausschießt, nehmen wir sie nicht ernst oder wehren uns dagegen, weil sie uns in ein Bild hineinpresst, das wir nicht sind. Meine langjährige Erfahrung hat mich zu folgender Überzeugung gebracht: Ohne Idealisierung ist die Beziehung banal, doch ohne eine gesunde Portion Realismus ist sie sentimental und kaum etwas wert. Positive Illusionen sind vor allem für die Normalzeiten einer Partnerschaft unverzichtbar. In Krisenzeiten liegt der Fall anders.

Akzeptanz und Wertschätzung sind ein weiterer wichtiger Baustein eines innigen partnerschaftlichen Umgangs.

8. Kapitel
Sorgen Sie für Aufregung im Alltag

Der größte Feind der Romantik ist zweifellos die aus Gewohnheit entstandene Routine. Um dieser Entwicklung rechtzeitig entgegenzusteuern, bedarf es der Aufregung im Alltag. Sie ist ein weiterer Baustein. Hört sich gut an. Bei anstrengendem Berufs- und Familienleben ist das leichter gesagt als getan. Und einen Partner zu überraschen, der einen schon ewig kennt, birgt sowohl Risiken als Chancen. Am besten beginnt man bei sich selbst.

Raus aus der Bequemlichkeitsfalle

Wer an seiner Beziehung herummeckert, weil sie langweilig ist, sollte sich ehrlich fragen, wie aufregend das eigene Leben ist. Dabei könnte herauskommen, dass es in Routine erstarrt ist. Wer sich in einer solchen beruflichen oder privaten Situation befindet, steckt in einer Bequemlichkeitsfalle. Das Arrangement hat durchaus seine Vorteile. Alles ist irgendwie geregelt, sicher und überschaubar. Es ist weder wirklich schlecht noch wirklich gut. Trotzdem nagt eine Unzufriedenheit an einem. Wenn Sie selbst in einer solchen Bequemlichkeitsfalle stecken, kommen Ihnen folgende Hinweise bestimmt bekannt vor (Axel Wolf, 2004):

➜ Sie denken regelmäßig und immer öfter über Alternativen nach

➜ Sie beneiden andere um ihr Glück

➜ Sie unterdrücken häufig Gefühle von Wut, Ärger oder Frustration um des lieben Friedens willen

➜ Sie langweilen sich immer häufiger in einem wichtigen Bereich Ihres Lebens

➜ Sie ertappen sich dabei, wie Sie sich selbst für Ihre Schwäche verurteilen

➜ Sie hoffen darauf, dass der richtige Zug noch kommt, dass etwas »von selbst« passiert.

Hören Sie also auf, Ihre Beziehung schlechtzureden, und fangen Sie bei sich selbst an. Machen Sie eine ehrliche Bestandsaufnahme. Wie rede ich mir die eigene Situation schön und lenke mich davon ab, den Tatsachen ins Auge zu sehen? Auf welche Art beschwichtige ich mich? Was erwarte ich alles von meinem Partner, während ich selbst inaktiv bleibe? Ein beliebtes Ausweichmanöver besteht darin, eine oder einen Schuldigen für die eigene Situation zu finden. Und was liegt näher, als den eigenen Partner für den Alltagstrott verantwortlich zu machen? Unser Unbewusstes lässt immer wieder Bilder eines spannenderen Lebens aufsteigen, und manchmal gibt es Augenblicke absoluter Klarheit und Sicherheit. Dann wissen wir, was wir wollen. Allerdings: nur Taten zählen, Versprechungen sind nichts wert. Manchmal hilft

► Sorgen Sie für Aufregung im Alltag

ein kurzer schriftlicher Aktionsplan, der die wichtigsten zielführenden Schritte auflistet. Wichtiger als jeder Aktionsplan ist die Klärung der Ängste und Schuldgefühle, wenn Sie eigene Impulse setzen. Viele Partner werden nämlich von der Frage umgetrieben, wie sehr sie den Partner verletzen, kränken oder gar ins Unglück stürzen, wenn Sie ihren eigenen Veränderungswünschen nachgehen. Die befürchtete Missbilligung des Partners – er oder sie wird sowieso dagegen sein –, die Angst vor Konflikten und negativen Konsequenzen sind das Haupthindernis. Schaffen Sie nicht einfach hinter dem Rücken Ihres Partners Fakten, auf die er nur noch reagieren kann. Besser ist, die Veränderungsabsicht anzusprechen und sie mit dem Partner zu diskutieren. Darüber reden heißt nicht um Erlaubnis fragen, sondern es ist der Versuch, um Verständnis zu werben und dem Partner eine Chance zu geben, sich darauf einzustellen. Machen Sie in dem Gespräch deutlich, dass sich Ihre Veränderungsabsicht nicht gegen Ihren Partner richtet, sondern dass Sie etwas für sich und darüber auch für Ihre Partnerschaft tun wollen. Das Offenlegen eigener Veränderungswünsche hat zwei große Vorteile: erstens liegt dann das Thema offen auf dem Tisch – nach anfänglicher Verärgerung, Angst oder Enttäuschung kann der Partner sich damit auseinandersetzen. Zweitens können die Auswirkungen, die der eigene Schritt für die Partnerschaft hat, viel realistischer gesehen werden. Die Formel heißt: Gehen Sie mit Ihrer eigenen Entwicklung voran, ohne dass Sie Ihren Partner aus den Augen verlieren. Ob Sie es glauben oder nicht – dies kann ansteckend wirken.

Selbsterweiterung im Zweierteam

Etwas ganz konkret miteinander zu machen, ist ein meist völlig unterschätzter, tatsächlich aber in hohem Maße Beziehung stiftendes Verhalten. Bequemlichkeit verträgt sich daher mit guter Beziehungsgestaltung grundsätzlich schlecht. Sich für die eigene Partnerschaft nicht in Bewegung setzen zu wollen, wird vom Partner als Zeichen fehlender Motivation angesehen, und dies wiederum hat Folgen.

Die Möglichkeiten, das Gehirn zu romantischen Gefühlen zu veranlassen, reichen von alltäglichen Aufmerksamkeiten bis zu gemeinsamen Großprojekten. Dabei kann zwischen Aktivitäten, die als »angenehm« und solchen, die als »aufregend« erlebt werden, unterschieden werden. Als angenehm erlebte Paar-Aktivitäten sind solche, die beide mögen, aber nicht ungewöhnlich sind im gemeinsamen Leben wie zum Beispiel essen gehen. Es ist »okay«, aber auch nicht mehr. Aktivitäten der aufregenden Kategorie erhöhen deutlich die Zufriedenheit mit der Partnerschaft, weil sie unserem Bedürfnis nach Abwechslung und Neuem entgegenkommen. Zu unserer Zufriedenheit brauchen wir immer wieder gemeinsame Möglichkeiten der Selbsterweiterung. Damit meine ich vor allem, Neues zu erfahren, Herausforderungen zu bewältigen und sich gegenseitig zu ergänzen. Aufregende Paar-Aktivitäten haben – im Gehirn-Scan nachweisbar – einen stimulierenden Effekt. Aufregung kann auch eine Langzeitbeziehung beflügeln. Suchen Sie also gemeinsame Herausforderungen und Aufregung im Alltag. Es erfordert allerdings ein bisschen Einfallsreichtum und etwas Disziplin. Der Clou dabei ist: Wenn Sie zusammen mit Ihrem Partner etwas Aufregendes unternehmen, erscheint Ihnen auch Ihr Partner attraktiver, und dies wiederum steigert Ihr Interesse an ihm. In einer Situation starker Aufregung lassen sich Gefühle ummünzen und anderweitig fruchtbar machen. Die praktische Pointe davon ist, dass die Attraktivität des Partners hochgradig abhängig ist vom Kontext. Die Wahrscheinlichkeit, sich in einer Langzeitbeziehung immer wieder oder immer noch aufregend zu finden, ist beim Tanzkurs, bei einem Open-Air-Konzert, bei einer Bergwanderung, bei Reisen ungleich höher als etwa beim gemeinsamen Einkaufen im Supermarkt. Aufregende und außergewöhnliche Situationen begünstigen aufregende und außergewöhnliche Gefühle und führen auch bei Langzeitpaaren zu günstigen »Fehlinterpretationen«. Die Aufregung muss also nicht zwangsläufig der Gewohnheit weichen. Dazu muss man sich immer wieder auf die Suche nach dem Adrenalin machen – gemeinsam. *Wenn*

‣ Sorgen Sie für Aufregung im Alltag

Partnerschaften lange halten sollen, liegt das vor allem am Willen, zu zweit möglichst viel Schönes zu erleben.

Erotik und Sex lebendig halten

Zärtlichkeit könnte man zu den Aktivitäten der angenehmen Art zählen, Sex zu den aufregenden. Sexualität ist eine Vitalkraft für uns, die Paarbeziehungen festigen kann. Zärtlichkeit und Sex schweißen zwei Menschen biochemisch zusammen. Bereits sanfte Berührungen führen dazu, dass unser Gehirn das Bindungshormon Oxytocin ausschüttet. Ein Orgasmus geht mit einer extrem hohen Oxytocin-Ausschüttung einher. Zusätzlich kommt noch ein weiteres Hormon ins Spiel, was für Aufregung und gute Gefühle sorgt: Dopamin. Nichts jedoch treibt den Dopaminpegel so in die Höhe wie Sex. Dopamin ist ein wahres Lustmolekül. Der Botenstoff aktiviert die Belohnungsareale im Gehirn, und wir fühlen uns gut. Erotik und Sexualität können eine Partnerschaft sehr aufregend sein lassen – und dies nicht nur in den ersten Jahren.

Heute gilt oft die Formel: Je mehr Sex und je aufregender, desto besser die Beziehung. Das stimmt so nicht. *Sexualität ist ein wichtiger Treibstoff, es braucht aber nicht so viel davon. Und wenn das Sexleben einigermaßen läuft, spielt es nur eine mittlere Rolle im Paaralltag. Sobald es aber unerfüllt ist, entwickelt es sich zu einem Riesenproblem.*

Dass die Lust auf den Partner in Langzeitbeziehungen nachlässt, weiß man. Dennoch können wir diesem Trend entgegenwirken. Man muss jedoch bereit sein, aktiv zu werden. Das Spektrum aktiver Einflussnahme bewegt sich zwischen guten Rahmenbedingungen herstellen, Fallstricke vermeiden, Planen, Ausprobieren und Spielen und taktvollem gegenseitigen Umgang:

Rahmenbedingungen schaffen

Wie schon ausgeführt, gibt es nichts Erotischeres als Interesse am Partner. Echtes Interesse macht einen zu einer interessanten und begehrenswerten Person, und dies wiederum weckt das eigene Begehren. Aufregende Aktivitäten färben auf den Partner ab und lassen ihn attraktiver erscheinen, als wenn sie beide nur vor dem Fernseher sitzen. Sexuelles Wissen schafft zumindest einen kognitiven Rahmen, um zu verstehen, dass zum Sex auch der Nicht-Sex gehört und dass es ohne mittelmäßigen Sex keinen guten Sex geben kann. Und handelt es sich um eine akute Lustlosigkeit, kann man davon ausgehen, dass die Lust oft von selbst wieder zurückkehrt, wenn die Umstände sich geändert haben. Eine lässigere und flexible Haltung ist in vielerlei Hinsicht grundsätzlich von Vorteil.

Wertschätzung

Auch wenn Ihr Sex in die »Jahre gekommen« ist, sollten Sie sich darüber freuen, dass Sie überhaupt noch Sex miteinander haben! Jenseits des 50. Lebensjahres ist die entscheidende Frage nämlich nicht mehr, wie oft, sondern ob die Partner überhaupt noch miteinander schlafen. Und ob Ihr Sex langweilig ist, können nur Sie selbst beurteilen. Aber Vorsicht: Sie leben in einer übersexualisierten Gesellschaft und sind dem ständigen Angriff sexueller Ideale ausgesetzt. Guter Alltagssex und die Kuschelnummer gelten ja heute nichts mehr, alles muss möglichst exotisch sein. Wenn das sexuelle Liebesleben meist nach dem gleichen Muster abläuft, muss man dies auch nicht nur schlecht finden. Beide kennen sich beim anderen aus und können daher ganz entspannt an die »schönste Nebensache der Welt« herangehen. Wenn Sie mit einer Wertschätzung Ihrer Sexualität beginnen, ist es leichter, die Dinge anzusprechen, die Ihnen fehlen oder die Ihnen nicht gefallen.

Erotische Fallstricke vermeiden

Das Nachlassen der Lust ist kein Indikator für das Nachlassen der Liebe. Lust ergibt sich nicht automatisch aus der Liebe, sondern beide folgen unterschiedlichen Gesetzmäßigkeiten. In der Liebe suchen wir vor allem emotionale Sicherheit und Geborgenheit und demzufolge nicht allzu häufigen Wechsel.

▸ Sorgen Sie für Aufregung im Alltag

In der Lust und Leidenschaft suchen wir Abwechslung, Aufregung und Abenteuer. Wer in einer Langzeitbeziehung darauf hofft, dass der Sex spontan stattfindet, kann oftmals lange darauf warten, da sich die sexuellen Wünsche weniger häufig spontan melden.

Die Entscheidung geht der Lust voraus

Je länger Partnerschaften dauern, desto mehr ist Erotik eine Frage der Entscheidung und aktiven Gestaltung. Während beim Sex von jungen Paaren die Lust dem sexuellen Tun vorausgeht, geht bei älteren Paaren die Entscheidung der Lust voraus. Nicht das Warten auf den spontanen Sex, der die Partner überfällt, sondern die Schaffung einer erotischen Kultur ist hier das lohnende Szenario. Folgende Wahrheiten fördern erotische Entwicklungen (U. Clement, 2006):

➜ Entwicklung heißt, Neues einzuführen. Das Neue kann Angst machen, aber es kann sich lohnen.

➜ Erotische Entwicklung setzt eigene Entscheidungen und aktives Handeln voraus. Nur darauf zu warten, dass es »sexuell läuft«, reicht nicht.

➜ Von nichts kommt nichts. Erotik braucht Pflege. Zeit und Aufmerksamkeit sind die wichtigsten Investitionen.

➜ Erotische Sackgassen basieren darauf, dass jeder auf den anderen wartet. Die Auflösung derartiger Sackgassen erfolgt meist nicht im Gleichschritt, sondern dadurch, dass einer der Partner aktiv wird: Einer erträgt die Unzufriedenheit nicht mehr, einer stürzt sich in eine Affäre, einer stellt die Partnerschaft infrage, einer führt ein neues sexuelles Element ein. Partner ändern sich selten, nicht weil sie es wollen – und dann noch zum gleichen Zeitpunkt –, sondern weil sie müssen.

Variable Szenarien

Kennen Sie die Formel für sexuelle Unzufriedenheit? Sie stammt von dem Kabarettisten Bernhard Ludwig und ist sehr einfach.

Sexuelle Unzufriedenheit definiert sich aus dem Verhältnis Erwartetes dividiert durch Erreichtes. Wie zufrieden wir mit unserer partnerschaftlichen Sexualität sind, bestimmen wir selbst: Schrauben wir die Erwartungen hinauf, ist die Wahrscheinlichkeit groß, dass auch die sexuelle Unzufriedenheit steigt. Es muss also nicht immer ein 5-Gänge-Menü sein. Wer schafft das auch neben Beruf und Familie! Warum also nicht ab und an ein Quickie – der geht auch mal zwischendrin. Erwarten Sie dabei keine romantische Stimmung oder erotische Raffinessen. Beim Quickie geht es um die schnelle Lust und Triebbefriedigung. Wenn Sie sich mehr Zeit nehmen, können Sie sich gegenseitig verwöhnen, zum Beispiel durch eine Massage, mit der Sie sich in Stimmung bringen. Jeder kann dabei mal aktiv, mal passiv sein. Wenn Sie sich einen ganzen Abend füreinander Zeit nehmen, können Sie zuerst essen gehen oder zu Hause mit den Händen essen oder sich gegenseitig füttern. Lesen Sie sich gegenseitig erotische Literatur vor oder schlagen Sie eine beliebige Seite eines Sexualratgebers auf und probieren Sie die Anregung aus. Vielleicht gefällt Ihnen, was Sie tun, vielleicht finden Sie es auch albern oder abstoßend. Das Ziel ist, nicht alle Stellungen auszuprobieren, sondern sich wieder Zeit zu nehmen für den Sex und das Reden danach. Sie lernen sich dadurch noch mal neu kennen. Entscheidend ist, das Gefühl zu erleben, gemeinsam etwas gegen die Lustkrise zu tun.

Im Urlaub kann man aus einem Abend ein 5-Tage-Ritual machen. Hierbei geht es nicht darum, ein Liebesmarathon hinzulegen, sondern eher darum, keinen Sex zu haben. Manchmal ist das, was man nicht sofort haben kann, reizvoller und spannender. In dem Roman »Die siebte Nacht« von Alina Reyes wird dies in literarischer Form zum Thema gemacht. In diesem Roman treffen sich sieben Nächte lang eine Frau und ihr Liebhaber in einem Hotelzimmer. Für jede Nacht gibt es eine Regel, was erlaubt ist und was nicht. Erst in der letzten Nacht ist alles erlaubt. So könnte in der ersten Nacht alles erlaubt sein, was Sie mit ihren Händen machen können. In der zweiten Nacht kommt

▸ Sorgen Sie für Aufregung im Alltag

der Mund dazu. Aber nicht mehr! In der dritten Nacht betreiben Sie gemeinsame Körperpflege. In der vierten Nacht malen sie sich zusammen aus, was Sie in der letzten Nacht tun werden, und genießen die Vorfreude. In der fünften Nacht können Sie dann Ihren Gefühlen freien Lauf lassen.

Spielen

Spielerische Elemente erweitern das sexuelle Repertoire. Eine spielerische Haltung hilft, sich auf Unerprobtes einzulassen und alles wieder rückgängig zu machen, wenn es keinen Spaß macht. Diese Haltung erfordert zunächst Überwindung. Möglichkeiten, mit Erotik spielerisch umzugehen, gibt es viele: Rollenspiele, Verabredungen im Hotel, erotische Aufträge, E-Mails. Auf das Spiel müssen sich aber beide einlassen. Wenn es blöd war, lacht man darüber.

Planen

In Langzeitbeziehungen muss man sich entscheiden, sexuell aktiv zu werden, und deshalb beginnt Sex im Kopf. Sex zu planen heißt, das Gewünschte passieren zu lassen. Der schlichte Rat, aber tatsächlich effektiv: konkrete Verabredungen zum Sex treffen und Zeit explizit dafür frei halten – auch wenn die Lust zunächst nicht riesig ist. Die Lust kommt dann schon – oder auch mal nicht.

Die sexuelle Beziehung schützen

Wir leben mittlerweile in einer lust- und konsumorientierten Sexualkultur, die alles bietet, was man sich nur denken kann. Leider hat dies auch eine erhebliche Schattenseite. Wenn Pornografie und Sexspielzeug zu Vorlagen und Anleitungen für den Bereich der Sexualität von »Normalverbrauchern« werden, dann führt dies leicht zu zwei negativen Konsequenzen: die eine ist, dass Paare versuchen, diese Vorlagen und Anleitungen in ihrem Alltag eins zu eins nachzumachen, was nur selten gelingt. Nur wenige Paare profitieren von diesen Vorgaben. Die andere ist, dass gar nichts mehr läuft. Unlust infolge der Übersexualisierung ist daher ein gesundes Signal. Natürlich geht es nicht darum, sich solchen Angeboten gänzlich zu verschließen. Notwendig ist dabei jedoch, die Bodenhaftung zu bewahren. Bodenhaftung kann man nur bewahren, wenn man nicht alles will, also durch bewussten Verzicht. Und durch ein aufgeklärtes Liebeswissen, das weiß, dass partnerschaftliche Erotik und Sexualität nach anderen Gesetzmäßigkeiten funktioniert, als die Pornoindustrie als Ideal propagiert. Vertrautheit, Aufregung und Spaß bilden dabei eine feste Einheit. Der Weg dazu sind weniger sexuelle Praktiken als Feingefühl, Mut, Fantasie, Einfühlungsvermögen und hin und wieder auch Geduld. Die meisten sexuell aktiven Langzeitpaare betonen die enge Verbindung zwischen ihrer gemeinsamen Sexualität und ihrer emotionalen Bindung. Dies macht ihre Sexualität einzigartig. Zudem gehen sie mit Situationen, in denen einer den anderen zurückweist, sehr behutsam um. Damit schützen sie diesen Teil ihrer Beziehung. Das Sexleben ist der empfindlichste Teil einer Ehe und Partnerschaft.

Im Übrigen hat das Interesse an der körperlichen Liebe recht wenig mit dem Alter zu tun. Stattdessen gilt der Grundsatz: Wer zeit seines Lebens viel Spaß am Sex hatte, verliert diesen auch mit den Jahren nicht.

9. Kapitel
Bleiben Sie offen für Veränderung

Offen bleiben für den Partner

Der letzte Baustein besteht darin, dass wir uns darum bemühen, offen zu bleiben. Dies bedeutet zunächst einmal, unsere Wahrnehmung zu schärfen, um den Partner immer wieder neu wahrnehmen zu können. Das Beispiel von der neuen Frisur der Partnerin mag banal erscheinen, führt aber dennoch zu unnötigen Enttäuschungen, wenn die Aufmerksamkeit und das Interesse dafür fehlen. Die »Königsklasse« partnerschaftlicher Wahrnehmungsaktivitäten ist das Verstehen von Motiven und Absichten des Partners. Verstehen erfordert immer wieder Nachdenken. Leider sind in diesem Zusammenhang die Sparmaßnahmen unseres Gehirns von erheblichem Nachteil. Zu den Sparmaßnahmen unseres Gehirns gehört, dass es sich das immer wieder neue Verstehen erspart und stattdessen dem Partner Motive und Absichten unterstellt, welches auf früheren typischen Erfahrungen beruht. Daraus entsteht die bekannte Ich-weiß-schon-was-der-andere-denkt-Haltung. Das Ergebnis ist dann nicht selten verheerend. Motive, Absichten, Vorlieben oder Abneigungen richtig zu erkennen und auszusprechen ist entscheidende Voraussetzung dafür, dem anderen gegenüber neugierig zu bleiben und ihn zu spiegeln. Um den Partner zu verstehen, bedarf es nicht nur einer guten Beobachtungsaufgabe und intuitiver Fähigkeiten, sondern vor allem auch das Gespräch: Eine gute Möglichkeit hierfür bieten Zwiegespräche. Diese Methode stammt von dem Psychoanalytiker Lukas Michael Moeller. Viele Paare praktizieren die Methode mit gutem Erfolg, wenn es darum geht, wie man sich immer wieder neu davon überzeugen kann, was es im anderen noch zu entdecken gibt. Nicht, dass alle Entdeckungen bequem wären, aber das Interesse und Akzeptieren subjektiver Wahrheiten des anderen vermehrt die Intimität der Partner und befriedigt unser Bedürfnis nach »Neuigkeiten«.

Der Rahmen muss mitwachsen

Zuerst gibt man der Beziehung einen Rahmen, in dem sie gedeihen kann. Sie wächst und entfaltet sich, wird vielschichtiger und komplizierter. Aber zumeist wächst der Rahmen nicht mit. Dann entspricht so vieles nicht mehr den ursprünglichen Vorstellungen, und man macht sich wechselseitig Vorwürfe. Doch hat überhaupt einer der Partner den anderen enttäuscht, ist er oder sie die Quelle der Enttäuschung? Nein! Alles wandelt sich im Laufe der Zeit, alles hat seine Zeit.

Dies betrifft die sexuelle Beziehung, die sich über die Jahre hinweg wandelt: Dies betrifft die Beziehungen zu den Kindern. Und dies betrifft die Liebe, die meist stürmisch beginnt und im

Laufe der Zeit an Reife gewinnt. Liebe verändert sich über die Lebensspanne, was nicht heißen muss, dass Langzeitpaare weniger glücklich miteinander sind. Liebe kann intensiver und leidenschaftlicher werden, sie kann sich abnutzen und leerer werden, und sie kann sich an die im Verlauf des Lebens veränderten Gegebenheiten anpassen. So konnten Forscher der Universität Bochum in einer Längsschnittstudie mit 193 Personen feststellen, dass mit zunehmendem Alter die Bedingungen für eine leidenschaftliche Liebe schlechter werden und eine freundschaftliche Liebe besser passt. Besonders bei Männern verstärkt sich der freundschaftliche Liebesstil: gleiche Interessen, gemeinsame Aktivitäten, Selbstlosigkeit und Fürsorge. Männer und Frauen können meiner Meinung nach nie nur Freunde sein. Mit zunehmendem Alter wirkt es sich aber für die Partnerschaft günstig aus, wenn sie auch Freunde sind.

Die Trend- und Zukunftsforscher Corinna Langwieser und Peter Wippermann haben ein interessantes Phasenmodell der Liebe im Alter entwickelt. Sie identifizieren 5 Phasen:

Phase 1: So steht am Beginn des Alters nicht selten ein Beziehungs-Revival mit dem bisherigen oder einem neuen Partner. Es folgt eine Phase des Sich-selbst-bewusst-Seins, in der manche durch Krankheit, Arbeitslosigkeit oder Tod des Partners nicht selten lernen müssen, sich selbst neu kennenzulernen. Daraus erwächst die Phase der Lebenstraum-Realisation: Jetzt ist die Zeit, die neu gewonnenen Selbsterkenntnisse an Ziele zu knüpfen, die mit großer Energie verfolgt werden. Wieder ruhiger werdend, suchen die Menschen in den Folgejahren nach der »Seele in ihren Beziehungen«, lernen den Wert von Gemeinsamkeiten in ihren Beziehungen und Netzwerken schätzen und lassen das Leben nicht selten mit einer »Grand-Love« krönen, einer großelterlichen Liebe, die ihnen einen Platz als Altersoberhaupt in einer Familie einnehmen lässt.

Wenn sich Liebe, Sexualität und Familie im Verlauf des Lebens verändern, sind wir klug beraten, unsere Vorstellungen immer wieder zu überprüfen und neu auszurichten. Nur eine

▶ Bleiben Sie offen für Veränderung

ständige Neudiskussion der Beziehung und die Bereitschaft, mit Veränderungen mitzuwachsen, kann zu dauerhafter Zufriedenheit und Glück führen. *Alle Paare, die dieses Glück gefunden haben, erklären übereinstimmend, dass sie innerhalb ihrer Ehe und Partnerschaft viele verschiedene Ehen geführt haben und nicht nur eine.*

Neben der Bereitschaft zum Wandel benötigen Liebe und Partnerschaft Rahmenbedingungen, die ihr die notwendige Stabilität verleihen. Ob Paare sich scheiden lassen oder nicht, hängt nicht nur von Faktoren wie Zufriedenheit und Anpassungsfähigkeit ab, sondern auch von »Barrieren« und »Alternativen«. Sind die Barrieren niedrig und die Alternativen verlockend, dann sind sogar gute Liebesbeziehungen gefährdet. Und umgekehrt gilt: Selbst eher schlechte Beziehungen bleiben bestehen, wenn die Partner keine anderen Lebensmöglichkeiten sehen und bestimmte Umstände sie aneinanderschmieden. Ein haltgebender Rahmen spielt also eine wichtige Rolle. Der Familiensoziologe Hartmut Esser hat bei der Auswertung von Daten von 5000 Paaren herausgefunden, dass unzertrennliche Paare von Anfang an eine bestimmte Kombination von Eigenschaften vereinigten:

Eine religiöse und eher konservative Orientierung, den Wunsch nach mindestens zwei Kindern, eine sehr gute Passung: gleicher Geschmack, gleiche weltanschauliche Einstellungen, gute Kontakte zu Verwandten sowie harmonierende Psychen. Konservative Werte wie Glaube, Gemeinschaft und Familienleben geben einem Paar einen starken Zusammenhalt. Konflikte und Zerwürfnisse ufern innerhalb dieses Rahmens weniger schnell aus, sie werden von den vorhandenen Rahmenbedingungen in Schach gehalten. Dadurch gibt es deutlich weniger schwere Ehekrisen. Partner, die in einer fest gerahmten Partnerschaft leben, beurteilen ihre Beziehung als gut oder sehr gut. Allerdings haben – wie bereits ausgeführt – konservative Werte für viele Paare heute keine oder kaum noch Gültigkeit.

Modern eingestellte Paare – mittlerweile sind das 70% aller Paare – haben diesen festen Rahmen nicht mehr: Sie haben oft getrenntes Eigentum, haben keine religiösen Bedenken gegen eine Scheidung, Freunde und Verwandte drängen nicht dazu, die Partnerschaft zu erhalten; die Ehefrau ist normalerweise berufstätig, was sie vom Mann weniger abhängig macht. Der Wert »Kinder« hat an Bedeutung verloren. Bei vielen jüngeren Paaren hat zumindest einer die Scheidung der eigenen Eltern erlebt.

Man schätzt, dass rund 27% der in den 1990er-Jahren geschlossenen Ehen absolut bis weitgehend immun gegen Scheidung sind. 21% gelten als scheidungsgeweiht oder gefährdet. Bei den dazwischenliegenden gut 50% hängt es vor allem von den erwähnten Barrieren oder Alternativen ab, ob sie zusammenbleiben. Ist damit das Schicksal nicht religiöser und nicht traditionell denkender Paare besiegelt? Keineswegs. Allerdings gilt: Wer auf den traditionellen Rahmen verzichten möchte, muss ihn durch einen modernen ersetzen. Dazu gehören ein gemeinsamer Freundeskreis, der die Rolle von Wahlverwandten übernimmt, eine längere Testphase mit gemeinsamem Zusammenleben und eine gute Passung. Das Sprichwort »Jung gefreit hat nie gereut« stimmt nicht. Früh geschlossene Ehen gehen besonders oft schief. Die fehlende Religiosität kann durch eine hohe Übereinstimmung in Sachen Geschmack, Werte und Einstellungen und durch eine dichte soziale Einbettung ausgeglichen werden. Gemeinsames Wohneigentum, für den anderen erkennbar ein Risiko eingehen, damit er sieht, dass man sich aufeinander verlassen kann, mehrere Kinder, gemeinsame Projekte – das sind meine Empfehlungen an moderne Paare, die eine Langzeitbeziehung anstreben. Ohne einen festen Rahmen ist eine Partnerschaft ungeschützt dem unweigerlichen Auf und Ab ausgesetzt. *Der Wille* *zur Dauerhaftigkeit, das Unbedingt-miteinander-Wollen und ein fester Rahmen sind zusammen ein starkes Team.*

▸ Bleiben Sie offen für Veränderung

4. TEIL
Vergeben und vergessen können

»Das Vergessen kann eine große produktive Tat sein«
Hans Arndt

»Der Mensch braucht nicht alles zu billigen;
verzeihen muss er können«
Thomas Niederreuther

1. Kapitel
Wenn an Kränkungen festgehalten wird

Ob Sie sich von Ihrem Partner trennen oder mit ihrem Partner zusammenbleiben, es gilt: Wer nicht vergessen kann, kann nicht neu anfangen. Ohne Verzeihen und Vergeben gibt es kein Vergessen. Ohne Vergessen sind sowohl alte als auch neue Beziehungen mit Altlasten überfrachtet. Die Fähigkeit loszulassen – entweder Altes in der jetzigen Beziehung oder die alte Beziehung – aber ist verbunden mit der Fähigkeit, vergeben und sich versöhnen zu können. Wie verschiedene Studien zeigen konnten, stellt Vergebung eine Fähigkeit dar, die sich wohltuend auf die seelische und körperliche Gesundheit auswirkt. Gelingt Vergebung nicht, geht das einher mit erhöhter Depressivität, Ängstlichkeit und ganz allgemein mit Feindseligkeit. Letztere weist einen engen Bezug vor allem zu koronaren Erkrankungen auf. Das Nachtragen von Verletzungen kann einem auf Dauer größeren Schaden zufügen als das eigentliche Unrecht. Das Schuldgedächtnis kettet uns an die Vergangenheit und nimmt uns die Handlungsfähigkeit. Wer würde also nicht gerne vergeben und verzeihen. Doch, was gut klingt und sich leicht sagt, heißt nicht, dass es leicht ist. Wo macht Verzeihen und Vergeben überhaupt Sinn?

Kränkungen und ihre Auswirkungen
Der eigentliche Gegenstand der Vergebung ist die Kränkung. Die Kränkung entsteht, wenn eine von außen zugefügte Handlung als Unrecht erlebt wird. Eine solche Handlung kann einmalig sein oder wiederholt erfolgen. Kränkungen sind seelische Verletzungen, die unser Ehrgefühl und Selbstbewusstsein treffen. Wir fühlen uns schlecht behandelt, nicht wertgeschätzt und nicht verstanden. Die Bandbreite reicht von der einmaligen Handlung bis zur wiederholten, von mehr oder weniger unbeabsichtigten Kränkungen bis zu vorsätzlichen, von Beleidigungen, Zurückweisungen, Ignoranz, Blamage, Bloßstellung bis hin zu

verbalen Attacken. Mit Worten, Gesten, Verhalten oder Gerüchten kann ein Mensch einen anderen kränken.

Die anfängliche, eigentliche Verletzung macht oft nur einen Bruchteil der seelischen Belastung aus, die sie später insgesamt für einen der Partner bedeutet. Eine viel stärkere Rolle spielt der innere Prozess, der sich an die Kränkung anschließt: Die Situation wird immer wieder nacherlebt. Immer wieder fällt einem ein, wie ungerecht man behandelt worden ist, wie man keine Möglichkeit hatte, sich erfolgreich dagegen zu wehren. Man sucht diese Situation geradezu auf. Hinzu kommen Erklärungsversuche, Vorwürfe gegen den Partner oder gegen sich, Hass-, Rache- und Wiedergutmachungsfantasien. Rache- und Wiedergutmachungsfantasien haben die Funktion, das Selbstwertgefühl zu stabilisieren. Indem man sich vorstellt, den anderen zu schädigen, befreit man sich aus der Rolle des Opfers. Bei der Rache wird der Partner so verteufelt, dass die Befriedigung darüber das vorher von diesem zugefügte Unrecht ausgleicht. Selbst wenn die Dämonisierung des Partners vorübergehend funktioniert, führt dieser Weg zur Eskalation: Das bisherige Opfer wird zum Täter. Die Vorstellung, selbst niemals so zu handeln, erhebt den verletzten Partner moralisch über den verletzenden Partner. Auch Wiedergutmachungsfantasien haben das Ziel, das angeschlagene Selbstbewusstsein wieder aufzurichten: Er oder sie ist einem etwas schuldig! Solche Fantasien helfen meist nur kurzfristig, verstricken einen aber immer tiefer in die Fantasien. Gekränkte Menschen halten oft unverständlich für Außenstehende an Beziehungen fest, in denen sie immer wieder aufs Neue verletzt werden. Das Festhalten an einer solchen Beziehung entsteht oft durch das Gefühl des abhängigen Partners, noch entschädigt werden zu müssen.

Kränkungen sind nahezu unvermeidlich

Niemand ist geschützt vor den Kränkungen, die im Zusammenleben mit dem Partner nicht ausbleiben. Prophylaktisch können wir uns um folgende Dinge bemühen, wovon die ersten beiden bereits in anderem Zusammenhang erwähnt wurden:

▸ Wenn an Kränkungen festgehalten wird

Nicht anklagende Kritik

Hierbei geht es darum, nicht nur den Partner anzuklagen, wenn dieser einen kränkt, sondern auch mitzuteilen, warum man an diesem Punkt so empfindlich ist und deshalb überreagiert. Dadurch kommt es zu einer Reaktionsverzögerung, die den Gegenschlag des Partners bremst. Darüber hinaus teilt man ihm noch etwas über sich selbst mit.

Zeitnahe Entsorgung des Grolls

Auf kleine Enttäuschungen, Unachtsamkeiten und Missverständnisse reagieren wir mit Ärger und Groll. Damit diese Gefühle die Stimmung nicht vergiften, gilt es diese zeitnah zu »entsorgen« und nicht auf dem Grollkonto anzuhäufen. Das ist das bekannte »reinigende Gewitter«.

Die Wunde des anderen schützen

Jeder Mensch ist in irgendeiner Weise verletzbar, hat einen wunden Punkt, den er zu schützen versucht. Wer sich schlecht behandelt fühlt, reagiert innerlich empört, wütend, sauer, jämmerlich, kämpferisch, sich selbst bemitleidend, rächend usw. Abwehrgefühle schützen aktiv vor tieferliegenden Verletzungen und »Wehgefühlen« aus der Vergangenheit. Den Partner mit seinen empfindsamen Seiten sehen können und diese nicht achtlos zu attackieren, schafft Vertrauen und führt zu weniger Gegenangriffen.

Trotz solcher Bemühungen kann es dennoch zu Kränkungen kommen. Wie kann man so damit umgehen, dass nicht noch mehr Schaden angerichtet wird? Gibt es einen richtigen Umgang mit Kränkungen? Ungünstig wirken sich aus:

➜ Wir entscheiden uns für den Rückzug
➜ Wir gehen zum Gegenangriff über
➜ Wir bleiben passiv in der Opferrolle

Zeit allein heilt keine Wunden

Im Volksmund heißt es: Zeit heilt Wunden. Tatsache ist, die Zeit heilt keine Wunden. Aber damit Wunden heilen können, braucht es Zeit. Das trifft auch auf das Verzeihen und Vergeben zu. Oftmals sind wir zunächst nicht dazu bereit: Wir fühlen uns im Recht, sind wütend, traurig und finden das Verhalten unseres Partners unverzeihlich. Erleben wir indessen unsere ganze Beziehung nur unter dem Aspekt dieser Verletztheit und erlauben wir dieser, Mittelpunkt unseres Lebens zu sein, werden wir weder vergessen noch neue gute Erfahrungen machen, und dann heilt die Zeit keine Wunden. Neue Erfahrungen zu machen und das Schuldgedächtnis von negativen Erinnerungen zu befreien, sind wichtige Bausteine eines jeglichen Neuanfangs – mit oder ohne den alten Partner. Wenn wir nicht vergessen können, werden wir handlungsunfähig: Wir vergiften uns selbst und unsere Beziehung.

Man braucht Zeit, um sich mit einer Kränkung auseinanderzusetzen, sie zu verarbeiten und sie gedanklich und gefühlsmäßig richtig einzuordnen. *Nach einer Zeit der Unversöhnlichkeit* *steht die Entscheidung an: Will ich mich versöhnen oder nicht? Nicht zu vergeben ist auch eine Entscheidung.* Versöhnung ist nicht per se leichter. Jede der beiden Entscheidungen hat ihren Preis: dem anderen nicht zu vergeben, heißt bewusst einen Bruch der Beziehung oder zumindest eine große Abkühlung in Kauf zu nehmen. Umgekehrt fällt ein Vergeben auch nicht vom Himmel, sondern erfordert ein aktives Handeln. Den vermutlich höchsten Preis zahlen die Menschen, die sich weder für das eine noch das andere entscheiden: nicht der andere ist dann das wahre Opfer, sondern sie sind es selbst! Solange sie sich auf ihre Kränkungen konzentrieren, geben sie dem Menschen, der sie verletzt hat, erhebliche Macht über ihr Leben.

Machen Sie sich vorab eines klar: Auch wenn Sie sich oder Ihr Partner gekränkt und verletzt fühlen, es ist die Beziehung, die beschädigt worden ist. Ergänzen Sie Ihre »Ich-Sicht« durch eine »Wir-Sicht« – selbst wenn Sie kein Paar mehr sind.

2. Kapitel
Vergeben und vergessen

Die Methode des Ausgleichs als gemeinsamer partnerschaftlicher Akt

Wenn wir durch unseren Partner gekränkt und verletzt wurden, ist auch unser Gerechtigkeitsgefühl verletzt. Der Partner ist an uns schuldig geworden. Unser Gerechtigkeitsempfinden macht es uns schwer zu verzeihen. Wir fordern Genugtuung für erlittene Verletzungen – wenn nicht im Guten, so im »Bösen«: Wir bestrafen ihn, indem wir unsere Verletztheit pflegen und unserem Partner unversöhnlich entgegentreten. Wir erwarten also einen Ausgleich: Der Partner soll sich entschuldigen oder auch eine Wiedergutmachung leisten. Erst dann sind wir zur Versöhnung bereit. Beim Ausgleich geht es um die Frage, was der andere braucht, damit die Waage der Ungerechtigkeit wieder ausbalanciert wird. Der Paartherapeut und Autor Hans Jellouschek (1997) schlägt folgendes Versöhnungs-Ritual vor:

> **Partner A:** »Ich anerkenne, dass ich dich damit verletzt habe, auch da, wo ich es nicht absichtlich wollte. Es tut mir von Herzen leid, dass ich dich damit verletzt habe. Bitte verzeihe mir!«
> **Partner B:** »Ich höre und sehe, dass du meine Verletzung anerkennst und dass es dir leidtut. Ich nehme deine Bitte an, ich verzeihe dir, und ich bin bereit, meine Verletzung loszulassen. Darum sichere ich dir zu, dass ich sie in Zukunft in Auseinandersetzungen nicht mehr nennen werde.« Wird die Verletzung durch die Entschuldigung nicht aufgehoben, kann zusätzlich noch eine Wiedergutmachung erfolgen.

 Mit einem solchen Ritual können auch alte Verletzungen zwischen den Partnern bearbeitet werden. Wichtig ist, dass diesem Ritual der Entschluss zur Versöhnung vorausgeht: *Wir müssen davon überzeugt sein, dass es sich versöhnt besser leben lässt.* Versöhnung ereignet sich nicht einfach, man muss sie anbieten.

Es braucht darüber hinaus ein Angebot der Wiedergutmachung, besonders wenn die Kränkung deutlich von einem der Partner ausgeht. Wenn sich dieser auf die Wiedergutmachung einlässt, anerkennt er auch sehr konkret, dass er etwas falsch gemacht hat. Indem man die Pflicht zur Wiedergutmachung anerkennt, hat man ein Recht darauf, dass die Wiedergutmachung angenommen wird. Damit ist man aus der Position des Übeltäters oder der Übeltäterin entlassen. Es ist wieder eine gewisse Gerechtigkeit hergestellt.

Ein ähnliches Ritual findet sich bei dem Psychotherapeuten Dirk Revenstorf (2008). Hintergrund seines »Verzeihungs-Rituals« ist der Gedanke, dass in einer Auseinandersetzung zwischen Partnern häufig eine verwundbare Stelle berührt wird. Geschieht dies, greift der Betroffene reflexartig zum Selbstschutz – und dies oft ohne Rücksicht auf Verluste. Der Gegenschlag trifft dann meist zielgenau die wunde Stelle des anderen, der dann ebenfalls den »Hammer« herausholt. Das Ganze endet dann in gegenseitigen Kränkungen, die langfristig die Beziehung vergiften. So viel zum Hintergrund. Das Revenstorf'sche Verzeihungs-Ritual besteht aus folgenden Schritten:

1. Den verletzten Partner bitten, mitzuteilen, was ihn gekränkt hat
2. Der verletzte Partner formuliert dann:
   Es hat mich verletzt, als du ....
   Für mich war das ....
   Ich fühlte mich dadurch ....
3. Darauf nimmt der andere dazu Stellung :
   Ich erkenne deinen Schmerz an.
   Ich wollte dich nicht verletzen.
   Ich wollte für mich erreichen, dass ....
   Ich wollte mich schützen vor ....
   Ich bitte dich um Verzeihung.
4. Der verletzte Partner verzeiht, wenn er kann, oder er formuliert die Bedingungen dafür.

Natürlich muss die Bitte um Verzeihung von Herzen kommen, und die formulierten Bedingungen dürfen nicht überzogen sein.

Unabhängig davon, welche Methode der Versöhnung gewählt wird, der Vorteil liegt auf der Hand: Die Partner bemühen sich gemeinsam, partnerbezogene Kränkungen aus der Welt zu schaffen und ihre Beziehung von einer Last zu befreien. Gelingt dies, stärkt dies auch die Partnerschaft. Die gelungene Versöhnung zeigt ihnen, dass ihnen das Miteinander immer noch wichtiger ist, als recht zu behalten. *Die Versöhnung ist ein Bekenntnis zur erneuten Gemeinsamkeit.* Die Versöhnung sollte am Ende jeweils explizit gemacht werden, zum Beispiel durch eine Umarmung, durch einen Handschlag, durch Sätze wie »Jetzt ist es gut« oder »Jetzt sind wir quitt«, durch ein Geschenk oder ein kleines Fest. Das macht ihre Versöhnung wahrnehmbarer und konkreter.

Leider hat die Methode des Verzeihens und Ausgleichens einen Haken: Sie funktioniert nur, wenn sich beide darauf einlassen und wenn sie sich auch über die Art des Ausgleichs einig sind: Reicht eine ehrlich gemeinte Entschuldigung, oder ist sie an Bedingungen geknüpft, um glaubhaft gewährt zu werden? Wenn ja, an welche? Und wer entscheidet darüber? Billigt man so einfach dem anderen zu, über die Höhe des Ausgleichs zu bestimmen?

Wenn – was in der Praxis immer wieder vorkommt – die Methode des Ausgleichs zu endlosen Diskussionen führt, weil jeder höchstpersönlich darüber entscheiden möchte, ob und was er dem anderen schuldig ist, ist es die falsche Methode.

Stecken Sie mit Ihrem Partner in einer solchen Endlosschleife, hören Sie damit auf und wechseln Sie die Methode. Dies gilt auch dann, wenn Sie, nicht jedoch Ihr Partner, an einer Versöhnung interessiert sind.

Die Methode der Vergebung als autonomer Akt

Bei der Vergebung geht es darum, dem Menschen zu vergeben und nicht dem, was er getan hat. Vergebung bedeutet, auf Rachegefühle und Ausgleich der verletzenden Person gegenüber zu verzichten und nicht grollend, strafend oder ähnlich auf erlittenes Unrecht zu reagieren. Sie ist erkennbar an einer Abnahme feindseliger Gefühle, Gedanken und Handlungsimpulse gegenüber einer verletzenden Person. Vergebung entschuldigt nicht die Tat, sondern ist eine Haltung einer Person gegenüber: Der verletzenden Person wird ihr schuldhaftes Verhalten nicht weiter vorgeworfen, die Verletzung als solche aber auch nicht beschönigt. Dieser Modus gilt auch für die Selbstvergebung. Eine Person kann sich selbst vergeben, ohne dadurch die Verantwortung für ihr verletzendes Handeln zu leugnen. Dem Partner vergeben ist ein autonomer Akt, der auf der persönlichen Entscheidung basiert, die eigene Würde wieder zu erlangen und auf Ausgleich, Strafe und Rache zu verzichten. Für die Methode der Vergebung braucht es nur ein einziges »Ja«: das von Ihnen!

Wie aber geht Vergebung? Wer sich oder seinem Partner vergeben möchte, muss wissen, wie er das tun kann. Wenn Sie gekränkt sind, haben Sie subjektiv recht. Und das bedeutet für die Vergebung: Es wird und kann auch nur Ihre Vergebung sein. Die größte Schwierigkeit dabei ist: Man verzichtet bewusst darauf, vom Partner eine vollständige Wiedergutmachung zu erhalten. Der Vorgang des Vergebens erfolgt in mehreren Schritten oder Phasen (Kämmerer und Kapp, 2002). Der erste Schritt besteht in der Auseinandersetzung mit der eigenen Kränkung. Nur wenn die eigene Kränkung, die Wut- und Grollgefühle gegenüber dem Partner wahrgenommen werden, werden diese nicht verdrängt oder bagatellisiert. Durch die Reflexion der eigenen Gefühle kann es zu einer distanzierteren Betrachtung der Opferrolle kommen.

Der nächste Schritt beinhaltet die Auseinandersetzung mit dem verletzenden Partner. Es geht darum, verstehen zu können, was da passiert ist. Aus unserer Kränkung heraus unterstellen wir dem anderen meist »reine Bosheit«. Indem ich die andere Seite verstehen möchte, verzichte ich darauf, ihm die volle moralische Verantwortung für sein Verhalten zuzuweisen. Ich gestehe ihm zu, dass sein Verhalten Wurzeln und Gründe hat, die weiter zurückreichen, dass das, was verletzt, immer auch mit dem Leben eines Menschen zusammenhängt. Wenn ich verstehe, aus welchen Motiven heraus der Partner mich gekränkt hat, wird oftmals deutlich, dass dem Verhalten nicht reine Bosheit zugrunde liegt. Was den Charakter unmotivierter Bosheit verliert, wird zur vergebbaren Schuld. Dabei geht es nicht darum, die Kränkung zu entschuldigen, sondern um den Versuch, die Perspektive des Partners einzunehmen.

Vergebung beinhaltet einen Willensakt, eine Entscheidung. Dies ist der nächste Schritt. Sie erfolgt nicht automatisch aus den vorangegangenen Schritten. Vergebung bedeutet vielmehr die bewusste Entscheidung, nicht weiter unter der Kränkung leiden zu wollen. Vergebung ist eine Wahl, die Sie hinsichtlich Ihrer selbst treffen. Insofern ist Vergebung sowohl ein Schritt in Richtung auf den Partner als auch in Richtung auf sich selbst. Aber erst das Loslassen der negativen Gefühle, der Rache- und Wiedergutmachungsfantasien führt dazu, dass Sie sich innerlich von der Kränkung und den Ansprüchen auf Wiedergutmachung befreien. Egal, welche Form das Loslassen negativer Gefühle und Ansprüche auf Wiedergutmachung hat, wichtig ist allein, dass Sie Ihre Vergebung nicht von den Reaktionen Ihres Partners abhängig machen.

Der letzte Schritt besteht in einem veränderten Verhalten dem Partner beziehungsweise Expartner gegenüber. Dieses kann einerseits in einer Wiederannäherung an den Partner bestehen, es kann aber auch das Distanzieren von und Loslassen des Partners bedeuten, also ein Abschied vom Partner, ein Beenden der Partnerschaft. Zweifellos fällt Vergebung leichter, wenn der Partner, der sich ins Unrecht gesetzt hat, sowohl Einsicht in das eigene Fehlverhalten als auch Reue zeigt.

Wer wirklich vergeben hat, kann auch mit der Erinnerung besser leben, weil diese durch das Verzeihen ihre schmerzhafte Wirkung verloren hat. Nach dem Vergeben kann es – wie der Paartherapeut Arnold Retzer betont – zu einem neuen Verhältnis von Erinnern und Vergessen kommen: Man erinnert sich wieder mehr an das Gute und vergisst mithin das Schlechte.

Wer verzeiht und vergibt, ist offen für die Würdigung des Guten – auch wenn sich die Partner trennen. Von Bert Hellinger stammt folgende Formulierung, die ich schon bei vielen Paaren verwendet habe: »...(Anrede), ich nehme von dir, was du mir gegeben hast: Ich werde es in Ehren halten. Es war eine ganze Menge, und ich danke dir dafür. Für das, was schiefgegangen ist, übernehme ich meinen Teil der Verantwortung, und ich überlasse dir an deinem Teil deine Verantwortung. Ich achte und würdige dich als Vater/Mutter unserer gemeinsamen Kinder, und ich werde, soweit es an mir liegt, weiter mit dir zu ihrem Wohl zusammenarbeiten. Als Partner/Partnerin nehme ich Abschied von dir. Lebe wohl! Geh du deinen Weg, so wie ich jetzt meinen Weg gehen werde.«

Wenn Sie vergeben und vergessen können, bleiben Sie in Ihrer Partnerschaft handlungsfähig. Wenn Sie ein neues Leben ohne Ihren jetzigen Partner beginnen wollen, sollten Sie ebenfalls vergeben und vergessen können.

Epilog – Gezeiten der Liebe

Dieser Text von Anne Morrow Lindberg drückt wie kein anderer aus, was ich in den letzten 25 Jahren von meiner Frau und von Paaren über die Partnerliebe gelernt habe. Deswegen stehen diese Gedanken zu Recht am Schluss:»Wenn jemand liebt, so liebt man nicht die ganze Zeit, nicht Stunde um Stunde auf die gleiche Weise. Das ist unmöglich. Es wäre eine Lüge, wollte man diesen Eindruck erwecken. Und doch ist es genau das, was die meisten von uns fordern. Wir haben so wenig Vertrauen in die Gezeiten des Lebens, der Liebe, der Beziehungen. Wir jubeln der steigenden Flut entgegen und wehren uns erschrocken gegen die Ebbe. Wir haben Angst, die Flut würde nie zurückkehren. Wir verlangen Beständigkeit, Haltbarkeit und Fortdauer; und die einzig mögliche Fortdauer des Lebens wie der Liebe liegt im Wachstum, im täglichen Auf und Ab – in der Freiheit; einer Freiheit im Sinne von Tänzern, die sich kaum berühren und doch Partner in der gleichen Bewegung sind.«

Literatur

Barranger, J.: Gehen oder bleiben? © mvg-verlag 1998

Bodenmann, G.: Stress und Partnerschaft. Gemeinsam den Alltag bewältigen. Huber 1997

Broder, M. S.: Ist Ihre Beziehung noch zu retten? mvg-verlag 2007

Clement, U.: Wenn Liebe fremdgeht. Vom richtigen Umgang mit Affären. Marion von Schröder Verlag 2009

Gigerenzer, G.: Bauchentscheidungen. Die Intelligenz des Unbewussten und die Macht der Intuition. Goldmann-Verlag 2008

Grabe, M.: Lebenskunst Vergebung. Befreiender Umgang mit Verletzungen. Verlag der Francke-Buchhandlung 2007

Gottman, J. M.: Glücklich verheiratet? Warum Ehen gelingen oder scheitern. Testen Sie die Chancen Ihrer Partnerschaft. Heyne 1995

Gottman, J. M. / Silver, N.: Die 7 Geheimnisse der glücklichen Ehe. Ullstein 2000

Hathaway, Ch.: Erotische Massage. Taschen Verlag 2007

Hellinger, B.: Liebe und Schicksal. Was Paare aneinander wachsen lässt. Kösel Verlag 2003

Jellouschek, H.: Wie Partnerschaft gelingt – Spielregeln der Liebe. Verlag Herder 1998

Kast, V.: Wenn wir uns versöhnen. Kreuz Verlag 2005

Klages, H.: Werte und Wertewandel. In: Schäfers, B. / Zapf, W. (Hrsg): Handwörterbuch zur Gesellschaft Deutschlands. 2001

Kämmerer, A. / Kapp, F.: Emotionale Stiefkinder therapeutischen Handelns: Zum Beispiel Vergebung. In: Psychotherapie im Dialog 2 (2002)

Langwieser, C. / Wippermann, P.: generation Silversex. Piper Verlag 2008

Mary, M.: Erlebte Beratung mit Paaren. Klett-Cotta Verlag 2008

Nuber, U.: Viel zu viel Gefühl! Psychologie Heute; Heft 12 / 2009

Precht, R. D.: Liebe. Ein unordentliches Gefühl. Goldmann Verlag 2009

Revenstorf, D.: Die geheimen Mechanismen der Liebe. Klett-Cotta Verlag 2008

Retzner, A.: Lob der Vernunftehe. S. Fischer Verlag 2009

Reyes, A.: Die siebte Nacht. Goldmann-Verlag 2007

Schonert-Hirz: Machen Sie Ihren Kopf fit für die Zukunft. Campus Verlag 2009

Schindler, L. / Hahlweg, K. / Revenstorf, D.: Partnerschaftsprobleme: Diagnose und Therapie. Springer Verlag 1998

Schindler, L. / Hahlweg, K. / Revenstorf, D.: Paartherapie: Möglichkeiten zur Lösung partnerschaftlicher Probleme. Springer Verlag 1999

Schmidt, G. / Starke, K. et al.: Beziehungsbiografien im sozialen Wandel. Universität Hamburg 2003

Storch, M.: Das Geheimnis kluger Entscheidungen. Mosaik Verlag 2008

Tobler, S.: Neuanfänge – Veränderungen wagen und gewinnen. Klett-Cotta Verlag 2009

Vansteenwegen, A.: Bevor die Liebe Alltag wird. Anregungen für eine gelungene Partnerschaft. Carl Auer Verlag 2007

Weber, R.: Paare in Therapie. Klett-Cotta Verlag 2006

Weber, R.: Wenn die Liebe Hilfe braucht. Klett-Cotta Verlag 2007

Weil, H.: Werte und Kriterien bestimmen mein Leben. Akademie für Bewusstheit und Klarheit 2010

Welch, S.: 10 Minuten 10 Monate 10 Jahre. Die neue Zauberformel für intelligente Lebensentscheidungen. Arkana-Verlag 2009

Wolf, A.: Raus aus der Bequemlichkeitsfalle. Psychologie Heute; Heft 6 / 2004